Arquitetura do século xx e outros escritos

Arquitetura

e outros escritos

COSACNAIFY

do século XX

GREGORI WARCHAVCHIK

Organização e introdução CARLOS A. FERREIRA MARTINS

PP. 4-5: Gregori Warchavchik, casa da rua Santa Cruz, São Paulo, 1927-28.

SUMÁRIO

INTRODUÇÃO

GREGORI WARCHAVCHIK: COMBATES PELO FUTURO

Em fevereiro de 1948, a revista *Anteprojeto*, dos estudantes da Faculdade Nacional de Arquitetura, publicou um álbum intitulado "Arquitetura Contemporânea no Brasil" e dedicado "ao arquiteto Lucio Costa, mestre da arquitetura tradicional e pioneiro da arquitetura moderna".[1]

Geraldo Ferraz, crítico de arte e ativo militante modernista, contestou o que considerava "uma escamoteação histórica" do pioneirismo de Warchavchik e Flávio de Carvalho.[2] Destacando que os organizadores do livro *Brazil Builds* já haviam passado em branco "a história de uma luta áspera e amarga que foi levada a cabo nesta cidade de São Paulo", Ferraz insistia na primazia paulista, concretizada na "primeira casa modernista do Brasil, devida a Warchavchik" e no "projeto de Flávio de Carvalho, para o Palácio do Governo [...]". E agregava que também no Rio de Janeiro coubera aos dois arquitetos paulistas o papel de pioneiros: Flávio de Carvalho, apresentando um projeto moderno para o concurso da nova Embaixada da

Argentina e Warchavchik, construindo a primeira casa modernista na rua Toneleros, em Copacabana.

Mais, no entanto, que uma retificação de caráter histórico, Ferraz fez de seu artigo uma cobrança a Lucio Costa, "para que compareça com seu depoimento, de suma importância, desfazendo o falseamento informativo em que começa a ser baseada a história da arquitetura moderna no Brasil".

A resposta de Lucio Costa[3] mostra o arquiteto carioca num raro momento de abandono de sua proverbial cordialidade. Admitindo que ninguém jamais contestou a seu "bom amigo Gregório Warchavchik a prioridade de haver construído as primeiras casas modernas do Brasil" nem desconhecia "a saudável ação demolidora de Flávio de Carvalho" ou a dificuldade e a dureza do embate pela nova arquitetura "num meio alternadamente desinteressado ou hostil", Costa repropõe, entretanto, o eixo do debate:

> O que está em jogo e aguça a curiosidade perplexa dos arquitetos e críticos de arte europeus e americanos, não é propriamente saber quando, nem como ou por quem a nova concepção arquitetônica foi trazida para nosso país, mas, sim, por que motivo, enquanto por toda a parte a arquitetura nova conservou-se mais ou menos limitada às fórmulas do conhecido ramerrão, ela irrompeu aqui, bruscamente, cerca de doze anos depois de haver sido experimentada pela primeira vez, sem maiores conseqüências, com tamanha graça e segurança de si, com feição tão peculiar e tão desusado e desconcertante vigor?

A réplica de Costa estabelece a matriz de uma leitura que se afirmará progressivamente nas narrativas canônicas da arquitetura brasileira:

> Essa a questão que importa e para cujo esclarecimento a obra pioneira do nosso querido Gregório e a personalidade singular do Flávio de nada podem adiantar, porquanto o que se passou até aqui teria ocorrido, sem alteração sequer de uma linha, ainda que o primeiro houvesse realizado a sua obra alhures, e o segundo espairecesse exilado, desde bebê, em Paris ou Pasárgada. E isto porque as realizações posteriores ao "advento" do arquiteto Oscar de Almeida Soares – que se assina Oscar Niemeyer – e que alcançaram tamanha repercussão no estrangeiro, têm vínculo direto com as fontes originais do movimento mundial de renovação tendente a repor a arquitetura sobre bases funcionais legítimas. Não foi de segunda ou terceira mão, através da obra do Gregório, que o processo se operou: foram as sementes autênticas, em boa hora plantadas aqui por Le Corbusier, em 1937, que frutificaram.

Ao destacar a presença direta "desse criador de gênio" e o seu convívio diário, "durante três meses", com o talento excepcional "mas até então não revelado" daquele jovem arquiteto "predestinado", como a "centelha inicial" – manifestada no projeto do Ministério da Educação e logo depois no Pavilhão do Brasil em Nova York – responsável pelo "surto avassalador que se seguiu", Costa firma a leitura de um contato direto entre o grande renovador da arquitetura internacional e o talento de um jovem artista "maior" como elemento catalisador da expressão do "gênio nacional", instituindo assim uma genealogia que remonta à "personalidade" do Aleijadinho:

> Não adianta, portanto, perderem tempo à procura de pioneiros – arquitetura não é "Far-West"; há precursores, há influências, há artistas maiores ou menores: e Oscar Niemeyer é dos maiores; a sua obra procede diretamente da de Le Corbusier [...]. No mais, foi o nosso próprio gênio nacional que se expressou através da personalidade eleita desse artista, da mesma forma como já se expressara no século XVIII, em circunstâncias, aliás, muito semelhantes, através da personalidade de Antonio Francisco Lisboa, o Aleijadinho.

O vínculo entre Niemeyer e o Aleijadinho está, para o arquiteto e estudioso que tem "apego igual e constante aos monumentos antigos autênticos e às obras novas genuínas", na maneira como partem de um vocabulário plástico fundamental já pronto e o transfiguram num estilo pessoal inconfundível:

> a ponto de se poder afirmar que, neste sentido, há muito mais afinidades entre a obra de Oscar, tal como se apresenta no admirável conjunto da Pampulha e a obra do Aleijadinho, tal como se manifesta na sua obra prima que é a igreja de São Francisco de Assis, em Ouro Preto, do que entre a obra do primeiro e a do Warchavchik [...]"

Depois de assinalar a sua própria "participação indireta" no processo de que resultou a feição própria da arquitetura moderna no Brasil, Costa atribui a postura de Ferraz à "sua veemência de amigo", e lamenta o bairrismo "dantes justificável e natural devido à crise de crescimento mas já agora inconcebível numa cidade adulta como São Paulo".

Esta longa referência inicial a uma polêmica de jornal se justifica, talvez, por indicar um momento decisivo na fortuna crítica da obra de Warchavchik,[4] marcada pela dificuldade de estabelecer-lhe um lugar na trama narrativa que prioriza o caráter brasileiro da arquitetura moderna desenvolvida a partir dos episódios-chave do Ministério e da Pampulha.

Essa trama se inaugura com a publicação do livro *Brazil Builds*, em 1943.[5] Primeiro levantamento abrangente da produção moderna brasileira, o texto não apresenta referências claras ao papel desempenhado por Warchavchik, de cujas obras pioneiras aparece apenas uma foto, sem legenda identificadora, da casa da rua Bahia, erroneamente apontada como sendo "considerada a primeira casa moderna de São Paulo"[6] e outra do edifício da alameda Barão de Limeira. Omissão significativa quando se lembra que Warchavchik era o delegado dos CIAM para a América do Sul, indicado, mais de uma década antes, pelo próprio Le Corbusier.[7]

Henrique Mindlin, em seu *Modern Architecture in Brazil*, publicado em 1956, com a intenção explícita de dar continuidade ao levantamento iniciado por Goodwin, renova e reafirma a leitura de uma articulação entre a tradição construtiva brasileira dos primeiros séculos e a produção moderna, a partir das formulações de Le Corbusier, cuja presença direta foi um "estimulante trauma" que deu vigor e direção ao movimento da arquitetura moderna no Brasil".[8]

Diferentemente de Goodwin, Mindlin registra a importância da Semana de Arte Moderna, dos manifestos de Warchavchik e Rino Levi, o concurso para o Palácio do Governo de São Paulo e o impacto dos projetos de Flávio de Carvalho, a primeira casa modernista de Warchavchik. Mas os caracteriza como "antecedentes", que serviram para que Le Corbusier "encontrasse o terreno mais ou menos preparado" em sua primeira passagem pelo Brasil, em 1929.

A mais enfática tentativa de redimensionar o papel e a importância de Warchavchik para o estabelecimento de uma cultura arquitetônica moderna no Brasil foi a publicação do livro de Geraldo Ferraz, *Warchavchik e a introdução da nova arquitetura no Brasil, 1925-42*.[9]

Na tentativa de se opor a uma leitura já então institucionalizada dos caminhos e características assumidas pela arquitetura moderna no Brasil, Ferraz insiste na dimensão internacional – e indissociável das condições concretas da vida no século XX – da nova arquitetura. Para demarcar as diferenças entre a produção do arquiteto paulista e a linguagem da escola carioca, Ferraz aponta um vínculo mais estreito a Gropius, para ele "o grande articulador da arquitetura moderna internacional", e não hesita em atribuir a já apontada tendência da arquitetura brasileira a um certo formalismo a "um excesso de valorização romântica na transcrição de certas indicações de Le Corbusier, transcrição esta que perde sua força construtiva para se desdobrar numa espécie de modismo equívoco".[10]

A posição de Ferraz não é isenta de contradições ao enfatizar o papel de Warchavchik, como professor da Escola Nacional de Belas Artes e como associado de Lucio Costa no escritório de projetos em que jovens arquitetos como Carlos Leão e Oscar Niemeyer iniciam a sua formação antes de trabalhar com Le Corbusier. Ou ainda ao citar Corbusier, Mário de Andrade e Anísio Teixeira para defender de maneira enfática a "brasilidade" das casas de Warchavchik. Mas tem uma inserção e um sentido nos anos 60, marcados pela inicial euforia e pela conseqüente perplexidade diante dos limites da experiência de Brasília, quando pareciam deslocar-se para São Paulo, palco do novo brutalismo, as esperanças de renovação da arquitetura brasileira.

E talvez, em conseqüência, as esperanças de justiça para o velho pioneiro que, à margem do sucesso e do reconhecimento, tinha se mantido "consciente de seu tempo e de seu papel [...] na etapa inicial dessa marcha que a humanidade deve empreender, para o mundo mais perfeito de amanhã".[11]

Em seu *Arquitetura Contemporânea no Brasil*, Bruand segue de perto o levantamento documental e a narrativa de Ferraz, divergindo no entanto em alguns juízos historiográficos. Mais inclinado a localizar em Corbusier as suas referências teórico-doutrinárias, não se convence com a insistência de Ferraz em estabelecer paralelos entre o manifesto de Warchavchik e o livro de Gropius.[12]

Destacando as dificuldades enfrentadas pelo arquiteto russo – a censura estética, a incompreensão do meio, a falta de produtos industrializados – Bruand aponta contradições entre a pureza de princípios defendidos no manifesto e a realização da casa da rua Santa Cruz, onde percebe mais forte influência de Loos da casa Steiner do que de Corbusier ou Gropius. Admite que, premido pelas circunstâncias, a contribuição de Warchavchik se dá mais no nível estético do que na institucionalização de uma linguagem, mas destaca que isso não diminui seu papel de desbravador pioneiro. Neste ponto critica o juízo de Costa acerca do contato direto de Niemeyer com Le Corbusier como elemento suficiente para o desenvolvimento posterior da arquitetura brasileira, duvidando "que isso pudesse ocorrer sem a ação pioneira de Warchavchik, que preparou o caminho para forjar uma nova mentalidade nos jovens arquitetos do Rio de Janeiro".[13]

É ambígua, entretanto, sua avaliação do esforço de Warchavchik em articular o rigor da doutrina internacional e a necessidade ideológica de algum nível de "brasilidade" na produção arquitetural. Por vezes aponta, com Ferraz, o esforço de demonstrar apreço pelo país que o acolhera e confirmar, através do uso de elementos e recursos tradicionais, a leitura dos que aí viam "o símbolo de uma arquitetura atualizada no plano internacional e ao mesmo tempo profundamente brasileira".[14] No geral, insiste em destacar sua rigidez doutrinária e seu espírito sistemático "que ao contrário de seus colegas brasileiros [...] não admitia um mobiliário antigo numa casa moderna".[15] Características, segundo Bruand, responsáveis pela sua passagem a segundo plano, a partir de 1935, pois "além de sua capacidade criadora ter se esgotado muito rapidamente, era muito estrangeiro para o país e muito radical para conseguir realmente naturalizar-se".[16]

Tributário da vertente de leitura de Goodwin, Mindlin e Bruand, em quem se apóia explicitamente, Lemos se distinguirá, entretanto, na severa crítica à produção de Warchavchik, a quem condena tanto a fragilidade de seu manifesto "escrito em termos quase amadorísticos, sem entrar nos meandros de uma conceituação teórica pertinente"[17] quanto a incongruência entre estética e técnica construtiva manifesta nas primeiras casas. Sem aceitar as justificativas de Warchavchik quanto às dificuldades técnicas e de mão-de-obra locais,[18] vê aí uma clara manifestação formalista: "Percebe-se nesse raciocínio que ele transformava um edifício tradicional em 'moderno' com a simples eliminação de molduras e ornamentos".[19]

Lemos reconhece, entretanto, ter sido importante a influência de Warchavchik na disseminação do "estilo futurista", como era então chamado, mistura de modernismo com *art-déco*, responsável pela progressiva adesão das classes médias a uma "arquitetura mais limpa de atavios". Reconhece também como relevante a sua contribuição ao projeto dos "sobradinhos geminados", construídos em série, espécie de transição para a modernidade: "Era uma nova programação de necessidades ainda satisfeitas pelos métodos construtivos tradicionais. Foram os primeiros passos para a modernidade".[20]

Textos de difusão e de combate

Com suas nuances ou oposições, o desenho do lugar ocupado por Warchavchik numa revisão da historiografia da arquitetura brasileira do século XX parece não estar ainda completamente definido. E certamente não se trata de fazê-lo aqui. Mas não deixa de ser curioso que, nas suas diferentes formulações, a historiografia (exceção feita a Ferraz) tenha ignorado a mais significativa ação de difusão doutrinária da arquitetura moderna no país nos anos cruciais da segunda metade da década de 20, tratando Warchavchik como autor de um único texto, o manifesto de 1925.

Até porque, superados os embates pela afirmação hegemônica da linguagem "brasileira", ela própria já objeto de reflexão histórica, cabe reconhecer que a eventual concordância com o juízo de Costa, no que ele tem de formulação estrita, não justifica o obscurecimento historiográfico do papel pioneiro de Warchavchik e menos ainda o desconhecimento de seus textos de difusão e de combate dos anos 20, importantes em si mesmos como documentos significativos para a reconstituição de um momento fundamental no debate da modernidade cultural brasileira.

Dois anos depois da chegada de Warchavchik ao país, o primeiro texto divulgado no Brasil em defesa da arquitetura moderna é uma espécie de mensagem na garrafa, lançada às ondas na esperança de um desconhecido leitor ou um eventual cliente. Publicado em italiano no jornal da colônia em São Paulo,[21] e reproduzido em português no *Correio da Manhã*, importante jornal do Rio de Janeiro, não teve, ao que se indica, nenhum impacto significativo imediato. Mas já continha as linhas-chaves da argumentação que se desenvolveria nos anos seguintes: o caráter histórico da noção de beleza; a incongruência entre a racionalidade construtiva da engenharia e a sobreposição ornamental dos arquitetos de formação acadêmica; a incompatibilidade entre a vida moderna e a adoção de estilos. A construção da casa barata e econômica como exigência central da sociedade capitalista moderna obrigava, dizia ele, os arquitetos a buscaram soluções construtivas lógicas, que apenas no futuro se constituiriam em um novo estilo, como, de resto, teria ocorrido em todos os momentos significativos da história.

Seu segundo texto, publicado em *Terra Roxa e outras terras*, já tem interlocutores interessados e um público definido. Este não é um artigo redigido por Warchavchik, mas uma entrevista realizada pela redação do suplemento que agregava, em 1926, os principais expoentes do modernismo literário paulista.[22]

É significativo que a pequena apresentação inicial identifique na dupla condição de profissional conhecedor das tendências artísticas modernas e de "familiarizado da melhor forma com os clássicos" por força de sua formação em Roma, a oportunidade de uma opinião esclarecedora sobre um tema (o da renovação estética na arquitetura) sobre o qual, reconhece a revista, "é profunda a confusão que reina entre os nossos arquitetos".[23]

Antecipando um de seus argumentos mais reiterados nos textos posteriores, Warchavchik demarca que o arquiteto moderno deve estudar os antigos, não para imitar as suas soluções, mas para "desenvolver sua capacidade estética" e identificar nos mestres do passado a profunda adesão às necessidades sociais e funcionais de sua época, assim como a utilização criativa das disponibilidades técnicas e matérias à sua disposição.

É difícil definir de maneira precisa a autoria de cada uma das minuciosas referências estilísticas, que tanto podem ser do arquiteto "familiarizado com os clássicos" como de seus entrevistadores, especialmente as referências ao passado brasileiro. Mas é sua, sem dúvida, a concisa formulação do programa que deve orientar o trabalho do arquiteto moderno: atender de forma prática à finalidade da obra; adaptá-la ao clima e ao lugar e, finalmente, explorar as possibilidades estéticas do material de acordo com as características da época.

Assim como é sua a enfática negação das possibilidades de integração entre a arquitetura moderna e o mobiliário antigo, mesmo de excelente valor estético e histórico, numa posição que se manterá em conflito com a tendência de incorporar o mobiliário e obras de arte coloniais aos edifícios modernos, justificada teoricamente por Costa e difundida na produção moderna brasileira, especialmente a partir dos anos 40.

Curioso que, por reconhecimento das limitações da relação entre arquiteto e clientes ou por prudência conciliadora, Warchavchik não descarte a possibilidade da utilização dos estilos, sempre que "apropriados ao lugar", opondo os belos exemplos de muitas residências dos Campos Elíseos ao "mau gosto estrangeiro" da avenida Paulista, e chegue a recomendar para as residências modestas "o estilo português conhecido como colonial".

"Decadência e renascimento da arquitetura" já tem um caráter mais claramente programático. A idéia central da decadência da arquitetura como *arte de construir*, clara ressonância das formulações alemãs da Baukunst, se apóia na incapacidade dos arquitetos compreenderem as possibilidades surgidas no século XIX e, por conseqüência, no erro de utilizar a nova técnica e os novos materiais para copiar dos exemplos do passado aquilo que era secundário (o ornamento).

O renascimento da arquitetura depende, diz Warchavchik, de um duplo compromisso dos arquitetos: compreender as possibilidades encerradas na técnica e resgatar um "compromisso com a verdade" que não é apenas imperativo dos novos tempos, mas que teria sido o fundamento de todas as grandes arquiteturas do passado.

Numa linha apenas parcialmente corbusiana de argumentação, defende o compromisso do desenho com a racionalidade funcional, exemplificada no desenho de máquinas onde a beleza não é um objetivo, mas um resultado. Como conseqüência, a formalização de um estilo não é busca, mas resultado futuro de um trabalho coletivo, comprometido com a racionalidade construtiva, com as necessidades do conforto moderno e com a adequação ao clima. O estilo moderno será internacional, mas não monolítico, na medida em que abrigará diferentes arquiteturas, adequadas ao clima e aos costumes.

A série "Arquitetura do século XX", publicada no *Correio Paulistano* entre 29 de agosto e 16 de dezembro de 1928, que constitui a espinha dorsal deste volume, foi escrita, diz o autor, sem um plano pré-estabelecido. Os seus três primeiros artigos constituem um detalhamento da argumentação sumarizada em "Decadência e renascimento", ao mesmo tempo que um esforço de difusão, para o público não especializado, de argumentos e eventos internacionais destinado, talvez, a ancorar no prestígio internacional a legitimidade para as ações inovadoras num país onde o desejo de integrar o "concerto das nações civilizadas" é mote dos mais variados projetos de modernização.

No primeiro artigo da série, Warchavchik enfatiza o caráter problemático da tradição, "veneno sutil", especialmente para os povos de recente formação, como os americanos, que não têm "tradição a contemplar" mas "vida a viver", "belezas a sonhar e descobrir", num movimento de definição coletiva de ideais universais que informarão a arte da primeira metade do século XX.

Indicando o caráter ainda experimental das realizações daquela década, aposta na possibilidade de realizações em larga escala, quando a indústria estiver aparelhada para fornecer os insumos necessários à construção de casas confortáveis e baratas, compromisso que manterá no centro de seu discurso ao longo de sua carreira profissional.[24]

Enfatizando a superação dos tempos em que "a cultura era privilégio de poucos" seus textos têm uma clara intenção didática, destinada ao público não especializado. Nessa perspectiva, expõe, de maneira simplificada, abrindo citações dos mestres europeus (de Le Corbusier, conceitos como a "casa-tipo" ou a "máquina de habitação"), para em seguida afirmar a sua factibilidade referenciando-os a realizações concretas (Weimar, Frankfurt,etc.).

O quarto artigo, intitulado "Passadistas e futuristas", busca claramente desvincular das suas proposições o sentido negativo agregado à idéia de futurismo, mote com o qual os opositores tentavam contaminar as propostas do arquiteto, assim como já haviam feito com o modernismo literário e pictórico, propondo para o termo *futurismo* uma concepção abrangente: o do homem atento às condições do presente e disposto a construir a arte do futuro.

A estratégia de difusão para o público geral de eventos e realizações internacionais segue no quinto, sétimo e oitavo artigos da série dedicados respectivamente à informação sobre a realização do Congresso de Fundação dos CIAM em La Sarraz e à construção do bairro modelo de Weissenhof, em Stuttgart, respectivamente.

Talvez o elemento mais recorrente de sua estratégia argumentativa ao longo da série seja o de buscar nos grandes exemplos da história da arte a mesma atitude de atenção às condições da época, de negação de postura subserviente a realizações anteriores e de afirmação da dimensão social e não individualista das grandes realizações, expressa na idéia da arte como síntese da cultura, que estrutura o sexto artigo e permite a insistência no mote de que o novo século precisa de uma nova arte.

Os dois últimos artigos da série são dedicados aos arranha-céus, indicados como "os verdadeiros monumentos da arte atual" e resultante magnífica da "marcha da civilização". Curiosamente, o arranha-céu não é apontado como decorrência de inovações técnicas como a estrutura independente ou o elevador, mas como a sobreposição de uma lógica econômica, "uma urgência sociológica" e a expressão moderna de uma "necessidade psicológica" dos espíritos, que responde ao seu momento mas tem antecedentes no desejo de elevação de todos os grandes momentos do passado.

Gregori Warchavchik, desenho da casa da rua Santa Cruz (1927-28) camuflado com ornamentos para burlar a "censura de fachadas" e obter aprovação na Prefeitura de São Paulo (Ver Ferraz, Geraldo, 1965).

Com esses textos, Warchavchik pretende encerrar o ciclo de sua estratégia argumentativa. Nas suas próprias palavras: "as razões que aduzimos a favor do arranha-céu e, por isso mesmo, da arte deste século, não são arbitrárias: muito ao contrário fundam-se nas grandes verdades históricas, nas grandes lições que o passado ainda pode dar".

Ao final da série "Arquitetura do século XX", o autor comenta, sem nominar o autor, uma série de artigos de Dacio de Moraes,[25] negando, entretanto, qualquer intenção de estabelecer polêmica e afirmando apenas o desejo de contribuir para a formação da opinião pública. Já no artigo "Em torno da casa modernista do Pacaembu", em resposta a dois artigos de Christiano das Neves que criticavam a exposição da casa modernista da rua Itápolis, sua atitude é francamente combativa, acusando seu interlocutor de contrariar a ética profissional e desqualificando a sua formação acadêmica. Essa mudança de atitude expressa claramente uma alteração no seu status profissional. Em 1930 já realizou várias residências e tem uma clientela e uma posição no mercado a defender, especialmente da ameaça da censura estética da Prefeitura, que Christiano das Neves exige.

No segundo semestre de 1930, atendendo a um pedido de Siegfried Giedion, Warchavchik envia ao III CIAM, em Bruxelas, um relatório sobre a situação da arquitetura moderna no Brasil e na América do Sul, parcialmente publicado na revista *Cahiers d'Art*.[26]

Escrito logo após a realização do IV Congresso Latino Americano de Arquitetos, realizado no Rio de Janeiro, o relatório destaca o isolamento dos arquitetos modernos no debate profissional, polarizado entre acadêmicos e defensores do neo-colonial, e aponta as dificuldades enfrentadas na construção moderna pelo custo dos materiais de construção importados, pela precariedade da indústria local e pela mão-de-obra, hábil mas resistente ao trabalho organizado de forma racional. Warchavchik ressalta, entretanto, que essas dificuldades podem ser superadas pelo caráter aberto de país "americano", isto é, novo, e pelo interesse crescente pela renovação estética da arquitetura "nos meios cultos".

Esse relatório marca uma interrupção na atividade de difusão de Warchavchik. A demanda profissional crescente, o convite de Lucio Costa para lecionar no curso paralelo da Escola Nacional de Belas Artes, a construção das primeiras obras modernas no Rio de Janeiro e a posterior associação profissional com Costa, sugerem que o arquiteto considerou realizada a conquista inicial da opinião publica culta e que o terreno a ocupar era o do exercício profissional e da ampliação do mercado. Os poucos textos publicados no Rio de Janeiro, para onde inexoravelmente se transfere o eixo do debate cultural após a tomada de poder por Vargas, são recuperação de material já publicado na série de 1928.[27]

As décadas seguintes mostram um arquiteto que segue uma atividade profissional regular, com uma clientela estabelecida, mas progressivamente afastado do cenário da transformação cultural do país e da afirmação de uma linguagem própria da arquitetura brasileira. Suas aparições bissextas no debate arquitetônico mostram entretanto que o recolhimento à rotina da atividade projetual não significou a perda de uma visão crítica em relação ao papel social da profissão.

Em 1958, numa rara manifestação pública, Warchavchik publicava "Importância e diretivas da arquitetura brasileira", para somar-se àqueles que, embora reconhecendo a "presença incontestável" dos arquitetos brasileiros nas conquistas da arquitetura moderna de seu tempo, consideravam imprescindível alertar para a importância da atualização do ensino, para o caráter coletivo do trabalho profissional e para a necessidade de superar a contradição entre obras individuais e a realidade do crescimento desordenado das cidades brasileiras, colocando o urbanismo como palavra de ordem para a orientação profissional. Trinta anos depois da fase heróica, Warchavchik mostrava continuar atento à produção e ao debate da arquitetura brasileira e internacional.

CARLOS A. FERREIRA MARTINS

PRIMEIRAS INTERVENÇÕES

ACERCA DA ARQUITETURA MODERNA

A nossa compreensão de beleza, as nossas exigências quanto à mesma, fazem parte da ideologia humana e evoluem incessantemente com ela, o que faz com que cada época histórica tenha sua lógica da beleza. Assim, por exemplo, ao homem moderno, não acostumado às formas e linhas dos objetos pertencentes às épocas passadas, eles parecem obsoletos e às vezes ridículos.

Observando as máquinas do nosso tempo, automóveis, vapores, locomotivas, etc., nelas encontramos, a par da racionalidade da construção, também uma beleza de formas e linhas. Verdade é que o progresso é tão rápido que tipos de tais máquinas, criadas ainda ontem, já nos parecem imperfeitos e feios. Essas máquinas são construídas por engenheiros, os quais, ao concebê-las, são guiados apenas pelo princípio de economia e comodidade, nunca sonhando em imitar algum protótipo. Esta é a razão por que as nossas máquinas modernas trazem o verdadeiro cunho de nosso tempo.

A coisa é muito diferente quando examinamos as máquinas para habitação – os edifícios. Uma casa é, no final das contas, uma máquina cujo aperfeiçoamento técnico permite, por exemplo, uma distribuição racional de luz, calor, água fria e quente, etc. A construção desses edifícios é concebida por engenheiros, tomando-se em consideração o material de construção da nossa época, o cimento armado. Já o esqueleto de um tal edifício poderia ser um monumento característico da arquitetura moderna, como o são também pontes de cimento armado e outros trabalhos, puramente construtivos, do mesmo material. E esses edifícios, uma vez acabados, seriam realmente monumentos de arte da nossa época, se o trabalho do engenheiro construtor não se substituísse em seguida pelo arquiteto decorador. É aí que, em nome da Arte, começa a ser sacrificada a arte. O arquiteto, educado no espírito das tradições clássicas, não compreendendo que o edifício é um organismo construtivo cuja fachada é sua cara, prega uma fachada postiça, imitação de algum velho estilo, e chega muitas vezes a sacrificar as nossas comodidades por uma beleza ilusória. Uma bela concepção do engenheiro, uma arrojada sacada de cimento armado, sem colunas ou consoles que a suportem, logo é disfarçada por meio de frágeis consoles postiços assegurados com fios de arame, os quais aumentam inútil e estupidamente tanto o peso quanto o custo da construção.

Do mesmo modo, cariátides suspensas, numerosas decorações não construtivas, como também abundância de cornijas que atravessam o edifício, são coisas que se observam a cada passo na construção de casas nas cidades modernas. É uma imitação cega da técnica da arquitetura clássica, com essa diferença que o que era tão só uma necessidade construtiva tornou-se agora um detalhe inútil e absurdo. Os consoles serviam antigamente de vigas para os balcões, as colunas e cariátides suportavam realmente as sacadas de pedra. As cornijas serviam de meio estético preferido da arquitetura clássica para que o edifício, construído inteiramente de pedra de talho, pudesse parecer mais leve em virtude de proporções achadas entre as linhas horizontais. Tudo isso era lógico e belo, mas não é mais.

O arquiteto moderno deve estudar a arquitetura clássica para desenvolver seu sentimento estético e para que suas composições reflitam o sentimento do equilíbrio e medida, sentimentos próprios à natureza humana. Estudando a arquitetura clássica, poderá ele observar quanto os arquitetos de épocas antigas, porém fortes, sabiam corresponder às exigências daqueles tempos. Nunca nenhum deles pensou em criar um estilo, eram apenas escravos do espírito do seu tempo. Foi assim que se criaram espontaneamente os estilos de arquitetura conhecidos, não somente por monumentos conservados – edifícios –, como também por objetos de uso familiar colecionados pelos museus. E é de se observar que esses objetos de uso familiar são do mesmo estilo que as casas onde se encontram, havendo entre si perfeita harmonia. Um carro de cerimônia traz as mesmas decorações que a casa de seu dono.

Encontrarão os nossos filhos a mesma harmonia entre os últimos tipos de automóveis e aeroplanos de um lado e a arquitetura das nossas casas do outro? Não, e esta harmonia não poderá existir enquanto o homem moderno continue a sentarse em salões estilo Luís tal ou em salas de jantar estilo Renascença e não ponha de lado os velhos métodos de decoração das construções. Vejam as clássicas pilastras, com capitéis e vasos, estendidas até o último andar de um arranha-céu, numa rua estreita das nossas cidades! É uma monstruosidade estética! O olhar não pode abranger de um só golpe a enorme pilastra, vê-se a base e não se pode ver o alto. Exemplos semelhantes não faltam.

O homem num meio de estilos antiquados deve sentir-se como num baile, fantasiado. Um jazz-band com as danças modernas num salão estilo Luís XV, ou um aparelho de telefonia sem fio num salão estilo Renascença, é o mesmo absurdo como se os fabricantes de automóveis, em busca de novas formas para as máquinas, resolvessem adotar a forma do carro dos papas do século XIV.

Para que a nossa arquitetura tenha seu cunho original, como o têm as nossas máquinas, o arquiteto moderno deve não somente deixar de copiar os velhos estilos, como também deixar de pensar no estilo. O caráter da nossa arquitetura, como o das outras artes, não pode ser propriamente um estilo para nós, os contemporâneos, mas sim para as gerações que nos sucederão. A nossa arquitetura deve ser apenas racional, deve basear-se apenas na lógica, e esta lógica devemos opô-la aos que estão procurando por força imitar na construção algum estilo. É muito provável que este ponto de vista encontre uma oposição encarniçada por parte dos adeptos da rotina. Mas também os primeiros arquitetos do estilo *renaissance* bem como os trabalhadores desconhecidos que criaram o estilo gótico, os quais nada procuravam senão o elemento lógico, tiveram que sofrer uma crítica impiedosa de seus contemporâneos. Isso não impediu que suas obras constituíssem monumentos que ilustram agora os álbuns da história da arte.

Aos nossos industriais, propulsores do progresso técnico, incumbe o papel dos Medici na época da Renascença e dos Luíses da França. Os princípios da grande indústria, a estandardização de portas e janelas, em vez de prejudicar a arquitetura moderna, só poderão ajudar o arquiteto a criar o que, no futuro, se chamará o estilo do nosso tempo. O arquiteto será forçado a pensar com maior intensidade, sua atenção não ficará presa pelas decorações de janelas e portas, buscas de proporções, etc. As partes estandardizadas do edifício são como tons de música dos quais o compositor constrói um edifício musical.

Construir uma casa a mais cômoda e barata possível, eis o que deve preocupar o arquiteto construtor da nossa época de capitalismo incipiente, onde a questão de economia predomina sobre todas as demais. A beleza da fachada tem que resultar da racionalidade do plano da disposição interior, como a forma da máquina é determinada pelo mecanismo que é a sua alma.

O arquiteto moderno deve amar sua época, com todas as suas grandes manifestações do espírito humano, como a arte do pintor moderno ou poeta moderno deve conhecer a vida de todas as camadas da sociedade.

Tomando por base o material de construção de que dispomos, estudando-o e conhecendo-o como os velhos mestres conheciam sua pedra, não receando exibi-lo no seu melhor aspecto do ponto de vista da estética, fazendo refletir em suas obras as idéias do nosso tempo, a nossa lógica, o arquiteto moderno saberá comunicar à arquitetura um cunho original, cunho nosso, o qual será talvez tão diferente do clássico como este o é do gótico.

Abaixo as decorações absurdas e viva a construção lógica, eis a divisa que deve ser adotada pelo arquiteto moderno.

[Publicado originalmente em italiano, com o título "Futurismo?", no jornal *Il Piccolo*, São Paulo, 14 jun. 1925. Rep. no mesmo ano com o título "Acerca da arquitetura moderna", no *Correio da Manhã*, 1 nov. 1925, e incluído em Xavier, Alberto (org.), *Depoimento de uma geração*. São Paulo: Cosac Naify, 2003.]

ARQUITETURA BRASILEIRA [ENTREVISTA]

É tão profunda a confusão que reina entre nossos arquitetos, em matéria de renovação estética, que julgamos altamente oportuno ouvir sobre o assunto a palavra de um entendido, o dr. Gregori Warchavchik, durante a sua permanência em São Paulo. Conhecedor perfeito das tendências artísticas modernas, dispondo de extensa erudição, formado em Roma, portanto familiarizado da melhor forma com os clássicos, o distinto engenheiro russo está em condições particularmente favoráveis para nos esclarecer questão tão importante.

Tanto nos seus artigos publicados no *Correio da Manhã*, do Rio, quanto em seus projetos, há qualidades admiráveis que lhe tornam o parecer extremamente valioso. Chamamos a atenção de todos que se interessam pela beleza das nossas habitações e comodidade das nossas cidades, para esta entrevista na qual o dr. Warchavchik manifesta sua opinião acerca da construção mais apropriada ao Brasil.

Quanto mais estudamos a obra dos antigos arquitetos, disse-nos o dr. Warchavchik, maior é o nosso assombro perante o grau de perfeição que atingiram. Os grandes mestres que se celebrizaram no passado, como sucedeu no Renascimento italiano, contrariam a marcha dos anos mercê de leis tão sábias como as da própria natureza. Deram eterna juventude aos edifícios que construíram, passando o tempo por eles sem deixar outros vestígios além dos danos materiais. Aqueles monumentos possuem em si um tal equilíbrio de proporções, tão grande harmonia do mínimo pormenor ao todo, que resulta jamais nos parecerem antiquados os palácios de Roma, Florença ou Veneza dos séculos XV a XVII. Ao analisarmos as causas, vemos que provêm de estarem os construtores integrados em sua época e as suas obras corresponderem exatamente às necessidades de então. Na Roma papal, os palácios apostólicos ou cardinalícios requeriam enormes pátios e vastos portões para dar ingresso às carruagens puxadas por várias parelhas de cavalos ladeadas de batedores e guardas armados. No interior do edifício necessitavam largas escadarias e galerias para o cortejo representado pelo séquito dos príncipes da igreja. Faziam também amplas antecâmaras, mais enormes dependências, cozinhas, etc., para abrigar a famulagem da casa. No Quirinal, duas coisas logo impressionam o visitante: uma, a massa enorme do palácio; outra, ao entrar, as proporções do pátio. Narra a crônica romana que M. de Lavardin chegou ao palácio Farnese à testa de um pequeno exército quando assumiu o cargo de embaixador de Luís XIV, rei da França, e pôde alojar-se comodamente na embaixada. Por essa época ainda rivalizavam os numerosos príncipes da Itália, continuamente acrescidos pelo nepotismo, na suntuosidade dos paços. Aos arquitetos que contratavam não mediam condições; apenas indicavam que lhes conseguissem maiores esplendores do que os do vizinho. Assim não havia peias à concepção do artista que, no idear templos e palácios, podia expandir livremente o seu estro. Eram mantidas as fabulosas despesas que tal fausto acarretava pela devoção dos monarcas católicos e quando esta esmorecia por qualquer motivo – fossem guerras, fossem escassez de remessas de ouro e diamantes das Índias – havia ainda as dádivas das populações não menos fervorosas que os soberanos. Além disso, os negócios da cúria romana, caudal sem fim de proventos para o sacro colégio, onde avultavam os rendosos maneios de solicitadores tais como o famigerado Paz, em tempos d'el rei d. João III de Portugal.

Hoje estamos numa era completamente diversa. No século que assiste ao triunfo da aviação, da televisão, da radiotelefonia e tantas outras maravilhas, a maior expressão do gênio inventivo do arquiteto não está mais no templo, porém na fábrica, nem tampouco no palácio, mas no estádio para esportes. Neste ele pode atirar à tremenda distância um lance de cimento armado, que irá resguardar do sol e das intempéries os milhares de espectadores dum torneio esportivo sem lhes molestar a vista com colunas. Ou então cobrirá dezenas de automóveis com um telhado sem suportes ao meio, deixando-lhe o solo livre para suas evoluções.

Diminuiu hoje, ao contrário das datas anteriores à locomotiva, a importância da habitação como elemento representativo da época. Houve certos períodos, como o do *Modern Style*, que nos permitem identificar a infeliz data em que surgiram, porém são de pouca monta. Muito mais característico é o que vemos suceder em 1926 com elementos associados à nossa existência. Parecem-nos ridículos os tipos de automóveis criados ontem, por exemplo. Daí se vê a extrema importância para um arquiteto de seguir com os olhos atentos o evolver diário da existência que o cerca. Conseguirá a melhor orientação possível para a firmeza de sua obra. Se souber ver e aproveitar as indicações das coisas que tem à roda de si. Não é somente o pesquisador de formas para uma locomotiva elétrica ou para a quilha de um navio que se preocupará de ir para a frente, também o desenhista especializado em ornamentação de interiores deverá observar a síntese de linhas que rege nosso atual conforto. Igualmente ao arquiteto compete fazer com que caibam tanto em um projeto de fachada como na planta anterior fios de iluminação, telefone, antenas de radiotelefonia e demais acessórios que surgem a cada passo, tornando-os quanto possível quase invisíveis.

Tenho um amigo que mandou fazer uma casa com os últimos aperfeiçoamentos conhecidos. Trata-se de pessoa culta, possuidora de numerosos objetos antigos que procurou realçar na nova habitação. Aconteceu porém que, ao se realizar este intento, se viu repentinamente diante de dificílimo problema. Sem as antiguidades, aquela casa nova formava com os móveis igualmente novos um conjunto reconfortante, claro, sadio, a tresandar alegria. Com ela, quebrava-se essa harmonia feliz, embora fossem preciosos os objetos causadores do desacordo.

Não foi possível harmonizar os gêneros antagônicos. Pareciam demasiadamente inúteis, mesquinhos mesmo, os contornos de talha dourada de um tocheiro Dom João v junto duma poltrona cujos acolchoados eram idênticos aos do mais cômodo automóvel. Era desagradável ver, ao pé dos cristais retilíneos de um licoreiro moderno, repousar sobre uma mesa de forma simples e robusta uma caixa antiga de prata com seus lavores polidos do tempo e amassados das quedas. Depois de muitas tentativas meu amigo, que possui esclarecido gosto a par de muito senso prático, resolveu construir no jardim um pavilhão isolado para as antiguidades. Teve pois de recorrer à única solução cabível para o caso. Todos os obstáculos que lhe antolhavam as conciliatórias intenções decorativas provinham de ser a nova habitação uma máquina complexa e simples a um tempo, pelos seus aperfeiçoamentos modernos, e por isso mesmo avessa à indumentária de outras épocas em que estes não existiam.

Ao conceber um plano de construção, a primeira coisa que considera o arquiteto são os materiais de que dispõe. Segundo as possibilidades que se lhe deparam, usará deste ou daquele recurso. Hoje estamos providos de meios desconhecidos de outrora que nos dão outras sugestões arquitetônicas. Antigamente, necessitaram empregar a coluna e souberam fazer dela um ornato decorativo. Em 1926, a dispensamos para obtermos expressão muito maior, porque é incomparavelmente mais valioso o efeito conseguido com as proporções de um todo do que o alcançado com seus pormenores. No passado eram os capitéis, folhas de acanto, etc., que inspiravam o arquiteto: em nossos dias, é a maior ausência possível de ornatos que nos dirige a fim de minorar o preço da obra e resolver praticamente o emprego dos elevadores, ventiladores, caixa para registro de eletricidade, de água e todos os demais acessórios da construção moderna. Infelizmente muitos arquitetos contemporâneos, que não se identificaram com a sua época, destroem o feliz arrojo que tiveram: uma bela sacada de cimento armado sem esteios, para toldá-la com consolas postiças asseguradas com fios de arame que aumentam inutilmente o peso e o custo da obra. É oposto o caso dos antigos. Estes sim tinham motivos para colocar cariátides e outros suportes visto que sustentavam de fato a sacada. Em São Paulo, onde há carência de pedra para construção, temos sobejas razões para não imitar com reboco ornatos europeus feitos com materiais nobres. Antigamente eram as cornijas o meio estético preferido da arquitetura, a fim de tornar mais leve o edifício construído de pedra de talho. Desta arte eram aligeiradas as proporções conseguidas entre as linhas horizontais. Da mesma forma, as consolas serviam de vigas e as colunas suportavam pesados balcões ou os brasões monumentais, feitos de mármore, das fachadas dos antigos palácios construídos pelos Barberi, Borghese, Chigi, Medici.

Tudo isto, que era belo e racional sob Paulo III, passou e não mais tem razão de ser. Deve o moderno arquiteto estudar os antigos não com o fito de imitá-los, mas com o de desenvolver sua capacidade estética no sentido do equilíbrio e das medidas. Nossos maiores pouco se preocupavam em inventar estilos; seguiam apenas as necessidades "do seu tempo". E foi assim que esses se criaram sem que de momento ninguém os

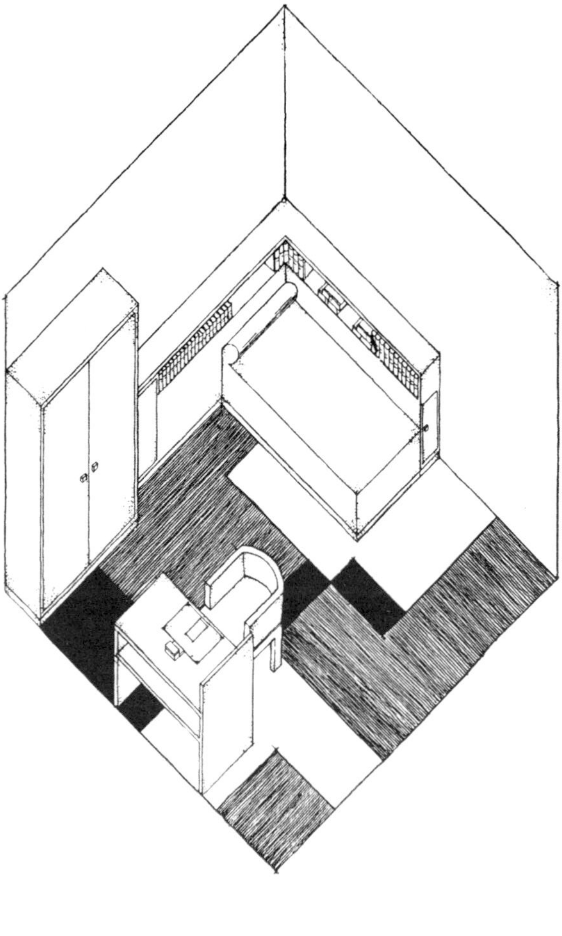

O uso da perspectiva isométrica no desenho de mobiliário tem seu antecedente mais famoso nos desenhos de Gropius para os interiores da Bauhaus.

percebesse para só mais tarde as gerações seguintes os encontrarem perfeitamente delineados.

Ao iniciar os estudos de uma construção, vê-se o arquiteto diante de três problemas: 1. atender praticamente aos fins da obra; 2. adaptá-la ao clima e costumes do lugar; 3. observar do ponto de vista estético as possibilidades concedidas pelo material de que dispuser no momento e harmonizá-lo da melhor forma possível com as características da época.

Seguindo com acerto este postulado, o arquiteto fará certamente trabalho útil e duradouro porque toda a obra executada com bom senso tem probabilidades de se furtar às variações da opinião. Existe a moda na arquitetura como em tudo o mais. Varia em extremo segundo a cultura e o progresso do meio, o que nos faz vaticinar a reprovação que brevemente atingirá certo gênero de construções ora epidêmico entre nós. Mais do que em São Paulo, é imperdoável disparate construir no maravilhoso cenário tropical do Rio de Janeiro edifícios com pacotilha pseudo-Luís XVI. É a mesma – sem tirar nem pôr – que vemos repelida de todo francês culto que a considera sacrílega paródia de um estilo nobilíssimo. Sempre foi a melhor maneira de se respeitar alguma coisa não lhe tocar e muito menos com mãos desastradas; essas infelizes construções estão para as autênticas, que existem em Paris, no Faubourg Poissonière, S. Honoré, S. Germain e outros bairros, como um cafre está para um silesiano. Todo francês dotado de critério estético ridiculariza o chamado "*stile president Loubet*" que até há pouco tempo regia desastrosamente as construções oficiais francesas. São condenados os ornatos da ponte Alexandre III, os dos dois edifícios próximos destinados a exposições, os da nova galeria do museu do Louvre; os da Quai d'Orsay e outros mais pelos críticos apegados às tradições. Nem podia deixar de ser assim, visto que no tempo de Kraften e Ransonett não havia como hoje enormes edifícios para estações de ferro-carris, por exemplo, cuja forma é especial. Portanto as diretrizes aplicadas na construção do Hotel de Salm, no Bagatelle, no Petit Trianon e tantos outros edifícios espalhados pela França são inaplicáveis a construções modernas de gênero e fins completamente diversos. Mesmo no que diz respeito às casas de apartamentos, que agora vemos com oito, nove e mais andares, nada havia sob Luís XVI que se lhes assemelhasse. Por conseguinte, nem sequer os ornatos então aplicados às habitações coletivas são aproveitáveis nos nossos dias. Destinavam-se a edifícios com determinadas proporções, de sorte que falham ao serem transportadas para superfícies diferentes. Já não nos referimos às casas comerciais feitas agora naquele gênero, cujo aspecto se torna ignóbil assim que recebem as tabuletas dos ocupantes. Retornamos pois ao que dizíamos a princípio. Isto é, muito louvável o estilo Luís XVI em sua época (como aliás todos os estilos), porque correspondia às necessidades dos seus contemporâneos, mas prejudicial no Brasil, onde não se harmoniza nem com a natureza nem com os costumes. Naquele tempo ainda estavam em moda as pastorais, a rivalizar com a nascente imitação dos costumes ingleses. Era o conde de Artois, proprietário de Bagatelle, propagandista de costumes britânicos por causa das corridas de cavalos. Seus primos, os príncipes de Conti, adotavam o "chá à inglesa", segundo nos diz um quadro célebre, e a nobreza deliciava-se com novidades filosóficas. Nas vésperas da terrível revolução, a vida decorria amável em pavilhões, *petites maisons* e retiros bucólicos, cuja voga chegou até d. Carlota Joaquina, no Rio de Janeiro, onde, devido à influência inglesa, também se ensaiaram corridas sob a regência de d. João. Nas ruas de 1780 não havia os atropelos das grandes cidades modernas. Usavam-se então pacíficas seges que nos transportam, muito longe dos bondes elétricos, motocicletas, automóveis, e, como conseqüência de tudo isso, das bombas de gasolina, dos grilos e postes para sinais de São Paulo. Podia-se sossegadamente parar defronte a uma casa a fim de espairecer a vista pelos vasos, grinaldas, laços, panóplias e figuras – em tudo semelhantes aos desenhos do ilustre ourives Vinsac – que lhe adornavam a fachada. Tampouco havia o perigo de tais ornatos serem, logo depois de aplicados, cobertos de placas de dentistas ou anúncios luminosos de empresas comerciais.

Esse tempo passou e, se quisermos reproduzir o estilo Luís XVI, ou outro qualquer, devemos copiá-lo tal qual sem acrescentar um metro na fachada nem outra inovação por insignificante que seja. Nestas condições – as únicas com que podemos respeitar os estilos de outrora – é impossível fazê-los corresponder às necessidades da época atual.

É quase ocioso repisar a importância do clima e dos costumes do país relativamente à construção de casas. Na França, a tonalidade cinzenta das frontarias de pedra e a mancha negra causada pelo telhado de ardósia são amenizadas pela vegetação que lhes fica próxima (tanto no campo como nas cidades onde os bulevares são arborizados), cuja cor é viva, alegre, mormente durante a primavera, quando a folhagem chega a ser de um verde quase translúcido. Entre nós a cor das árvores é muito mais carregada, convindo pois casas claras para chegarmos ao mesmo contraste. Os que copiam cegamente um estilo do passado sem reparar nos inconvenientes dessa cópia cometem grave erro, porque ignoram como foi que ele se elaborou. No fim do reinado de Luís XVI era a Itália a Meca dos artistas franceses. Estava no apogeu da eficiência o pensionato da Villa Medici. David, Percier e Fontain, futuros criadores do estilo império e inúmeros outros sorviam na península os conhecimentos que mais tarde, engenhosamente adaptados às condições da vida francesa, haveriam de lhes granjear a celebridade. Por esta altura também lá se achava Grandjean de Montigny a estudar apaixonadamente os adornos dos túmulos do Renascimento, sem que, entretanto, os reproduzisse no Brasil quando aqui esteve a chamado do conde da Barca. Afigura-se-nos muito dessemelhante uma fachada italiana do século XVI de uma francesa do diretório. Dificilmente adivinharíamos a oculta influência de uma sobre a outra se ignorássemos os estudos dos artistas que a promoveram. É que foi tão completa a transposição da Itália para a irmã latina França – que o hábil trabalho nos passa despercebido de tão perfeito. Não houve cópia, porém, transformação. Não se trouxe para Paris o telhado peninsular próprio para o céu italiano nem se expuseram, sob as tristes brumas da Ilha de França, os atavios que se destinavam à luz radiosa de Monte Cavallo.

Foram simplificados até serem moldados ao caráter de Paris. Da mesma forma não se concebe um edifício colonial português em plena Charing Cross, nem se pode admitir uma casa Luís XVI em São Paulo.

No Brasil, onde não há neve, não se justifica nem pela utilidade nem pela estética o fúnebre caixão de ardósia que entenebrece milhares de habitações francesas. Devemos evitar esse responsável pela tristeza parisiense sob pena de incidirmos no absurdo que tanto prejudica Buenos Aires. Na capital argentina, necessariamente sem tradições, com uma cultura insipiente, o "pastiche" atingiu o auge. Sobrevêm males pouco lisonjeiros, onde só existe a semi-erudição, mormente na região platina desprovida de belezas naturais que possam compensar os absurdos perpetrados pelos habitantes. Quando os conhecimentos de um burguês de cidade rica, situada num país novo, mal dão para entender o estilo Luís XVI, surge logo o macaquismo. Na Argentina ele está no galarim. Nada se vê de original na sede portenha. Tudo ali é de importação, da coisa mais ínfima à mais importante. Qualquer forasteiro que chega ao Prata à procura do país só percebe extravagante paródia do que tem em sua própria casa.

Foi sempre condenável a cópia servil e a ninguém passará pela mente decalcar os defeitos alheios. Ora, o caixão de ardósia a servir de telhado é o principal causador do desgracioso aspecto de Paris. Tem esta cidade dois terríveis defeitos em suas construções: o telhado de ardósia e a pedra de Clermont que lhe enegrece as fachadas. É desastrosa a reunião de ambas. Sirvam de exemplo os numerosos casarões gênero "Eugenie", feitos no tempo do barão Haussmann, que reduzem há muito o apelido de "Cidade Luz", doado a uma das mais sensaboronas aglomerações urbanas do mundo. Não fossem os objetos das montras, o movimento das ruas e, principalmente, as mulheres, Paris seria francamente insuportável.

Graças à sua viva inteligência e à tradição que já possuem, os brasileiros hão de querer por certo evitar o contra-senso que molesta seus vizinhos do sul. Tenho confiança nos paulistas porque nesta cidade de há muito existem arquitetos nacionais de primeira ordem com excelentes realizações. Não podemos ajuizar levianamente algum excesso de ornamentação que porventura lhes sobrecarregam os projetos, porque só quem pertence ao ofício e esteve em contato com o cliente pode conceber a quanta extravagância somos compelidos muito contra nossa vontade. Assim sendo, desde que o profissional não possa dar curso a sua originalidade porque o cliente deseja coisa já vista, é preferível recorrer ao estilo do passado mais apropriado ao lugar. Aconselharíamos a São Paulo que seguisse o belíssimo período do classicismo em que se construiu grande parte das residências dos antigos fazendeiros no bairro Campos Elíseos. Existem ainda interessantes exemplares, tais como os palacetes do finado conde do Pinhal, da família Paula Sousa, à esquina da rua do mesmo nome com a Florêncio de Abreu; logo ao lado o do dr. Antônio Paes de Barros, hoje pertencente ao sr. Cunha Bueno; o Conceição, da rua Duque de Caxias; o do dr. Adolfo Gordo, na praça da República; do da família Almeida Prado, à rua Brigadeiro Tobias; e no centro da cidade a antiga Prefeitura, atualmente Fórum Cível. Mas acima de todos, como imponência e perfeição está o ex-Grande Hotel, cuja fachada para o lado da Travessa lembra um Vitrúvio. Antes desse período houve um também interessante, posto que um tanto primitivo, durante o qual foram erguidos o palacete barão de Piracicaba à rua Brigadeiro Tobias, que possui a mais bela grade de São Paulo; algumas casas da rua São Luís e adjacências, como o palacete Sousa Queiroz, antes de ser reformado pelo Circolo Italiano e outros.

Para habitações mais modestas, contanto que sejam singelas, serve o estilo português conhecido por "colonial", dada a sua razão de ser no Brasil. Todos os modelos de países meridionais prestam-se mais do que os de regiões nórdicas em razão da semelhança de costume e do clima.

Traz-nos igualmente embaraços o desacordo entre as posses do cliente e suas ambições. Neste caso evidenciam-se as vantagens do modernismo, porque a grande simplicidade da fachada facilita o acabamento, o conforto e o luxo do interior, que valorizam em extremo uma habitação.

No Brasil há inúmeras razões para adotarmos as linhas puras sem adereços inúteis, já devido à falta de pedra de talho, já porque a flora nos faculta (referimo-nos a moradias situadas em jardins) meios para dispensarmos o reprovável emprego de estuque na ornamentação. É pena que até hoje nenhuma pessoa de gosto se lembrasse desse esplêndido elemento. Apesar da inesgotável variedade de trepadeiras e arbustos nacionais e estrangeiros que existe nos hortos paulistas.

Diz com acerto o sr. Teobaldo Vieira que no Brasil a natureza, de parceria com o tempo, se encarrega de consertar os erros dos homens. Quantos benefícios não adviriam para a cidade se os proprietários de 80% das casas da avenida Paulista deixassem jardins, roseiras, glicínias e outras plantas nacionais urdirem suas retuças sobre os horríveis gessos gogulados sobre as fachadas que tanto dinheiro lhes custaram. Já não se pode dizer o mesmo das residências do bairro Higienópolis, que aparentam mais gosto e discrição, além de belos jardins onde há um esboço do que aconselhamos. Proveniente da generosidade da terra, a paramentação externa duma casa moderna deixaria saldo, como vimos acima, para a melhoria da qualidade do material empregado no interior. Poderíamos então proceder de forma a apresentar aos olhos do estrangeiro a suntuosidade do pau-marfim, da imbuia e do jacarandá, nas portas, tetos e lambris dos aposentos.

Caminha rápido o progresso da cultura geral em São Paulo, o que nos dará para muito breve os valiosos frutos do bom entendimento entre o público e o profissional. Somente é preciso que se esforcem os arquitetos em substituir os estrangeiros. Estes são os grandes causadores dos disparates cometidos em terras novas. Se o arquiteto for alemão fará castelos "margem do Reno"; se inglês, *cottages* "margem do Tâmisa"; se italiano, as abomináveis macarronices que assolaram Milão de 1900 até a guerra. O único que pode criar realmente o estilo para o país é seu próprio filho, porque as afinidades que tem em si fazem-no acertar assim que se liberta das influências exóticas. Seria ingenuidade fiar-se em indivíduos que para cá vieram com intenção de lucro, pois é improvável que façam como Fioravanti, arquiteto italiano que foi a Rússia atraído por Ivan, o terrível. Mandou o tzar que lhe arrancassem os olhos a fim que jamais pudesse reproduzir a catedral de Vassili Blageni, de Moscou. De tal forma o infeliz aproveitara a arte popular russa quando lá chegou, que as maravilhas conseguidas acabaram por despertar os zelos do déspota. Foi um extraordinário caso de discernimento estético cuja sagacidade foi bem mal recompensada. Sofreu o martírio aquele gênio porque produzira uma obra-prima.

No entanto, em todos os tempos vemos mais arquitetos ascenderem ao fastígio da glória justamente por serem maus arquitetos. E o pior é que chegam intactos a este estado, de forma a poder realizar ainda em ponto maior as chatices que por ironia do destino lhes trouxeram a remansosa prosperidade.

[*Terra Roxa e Outras Terras*, São Paulo, 17 set. 1926]

DECADÊNCIA E RENASCIMENTO DA ARQUITETURA

Durante o século passado, a arte de construir perdeu-se por completo. Degenerou-se até o ponto de chamarem arquitetura ao seguinte: ornamentos grudados em profusão sobre prédios construídos ao acaso, sem nenhuma idéia matemática ou estética.

Esses ornamentos, além de não terem ligação nenhuma com a construção propriamente dita, de preferência eram copiados de monumentos antigos, e naturalmente reproduzidos defeituosamente por simples operários, executados em material ordinário de gesso e arame, ao passo que, nos monumentos que serviram de modelo, foram obras de arte feitas por artistas, feitas para este monumento e diretamente esculpidas na pedra ou no mármore.

No século XIX nasceu a técnica.

A humanidade, acostumada ao trabalho individual, não soube compreender o que lhe podia dar a maravilhosa descoberta. Começou a imitar a arte antiga com os métodos novos e maquinais, iniciando-se esta época de triste decadência do gosto. Somente agora começamos a nos livrar desta herança pesada, e começamos a ver caminho novo, e isto graças a esta mesma técnica, que foi a causa do desastre. Sabemos hoje que a técnica encerra em si todas as possibilidades futuras, a nova arte futura, e a nova vida futura. Mas com a condição expressa de somente procurarmos nesta técnica o que ela nos pode dar.

Os arquitetos desta época passada esqueceram-se de ser arquitetos, esqueceram-se das lições dos grandes mestres de arquitetura, das lições do imortal Palladio, do genial Bramante. Copiando e sempre copiando o que nestes grandes mestres servia de ornamento, de acordo com as modas do seu tempo, e não percebendo atrás destes ornamentos a idéia principal, matemática, fundamento de todas as arquiteturas de todos os tempos, desde os templos egípcios, desde as pirâmides, desde os gregos através de todas as épocas, para, esquecida no século XIX, tornar a renascer agora, vitoriosa, e, por assim dizer, nova, depois de tanto esquecimento.

Os arquitetos da nova geração, procurando ardentemente a verdade, procurando o contato com a terra, procurando compreender as exigências da vida de hoje, aprendendo a usar materiais novos, e aproveitando-se das possibilidades de uma nova técnica (com as quais as gerações passadas nem teriam ousado sonhar), estão criando a arquitetura nova.

Esta se manifesta por formas novas.

São a conseqüência lógica de um pensamento mais profundo e da técnica nova. Por exemplo: construindo uma máquina, uma casa, uma peça de mobília, procuramos descobrir a sua razão de ser, e deste ponto de vista lhe daremos a aparência externa.

Na construção aperfeiçoada de uma máquina não procuramos criar um objeto de beleza. Queremos que seja de perfeita utilidade, de perfeito funcionamento, queremos também que não custe mais do que o necessário a esse perfeito funcionamento. Disto resultam proporções e formas tão harmoniosas e convincentes que não pensamos por um único segundo que essas formas poderiam ser diferentes.

Defronte a uma perfeita locomotiva, a um telescópio, defronte a qualquer maquinismo aperfeiçoado, temos o sentimento feliz e seguro de que assim, e não de outra maneira, poderiam estes instrumentos ser construídos.

Em arquitetura, os problemas são os mesmos e só da mesma maneira poderão ser resolvidos.

Não queremos copiar modas passadas. Imitação e cópia são certidão de pobreza espiritual; nunca um gênio verdadeiro deixou de ser original. Original, no sentido filosófico desta palavra, quer dizer: novo, claro, limpo, compreensível – não digo a todos, porque isto seria pedir demais, mas perfeitamente compreensível a uma "elite", espiritualizada e culta, esparsa pelo globo.

É particularidade do gênio estar sempre adiantado a sua época. Com aguda intuição adivinha e cria o que poucos escolhidos compreenderão no seu tempo e que todos admirarão um século mais tarde.

Poucos daqueles que hoje adoramos foram compreendidos em vida, sofrendo ao contrário perseguições atrozes.

Lembramo-nos com amargura de Espinosa exilado, de Galileu torturado porque dizia ser a terra redonda.

Mudaram-se os tempos. Temos telefone, telégrafo, rádio, submarino, aeroplano.

Com os meios rápidos de transmissão do pensamento humano, a idéia original, agora distribuída por todo o globo, penetrando até os últimos confins da terra, depressa chegará aos cérebros capazes de compreendê-la, e estes lhe formarão um exército de invencível força de defesa.

Isto nos explica a aparição conjunta, em todas as partes do mundo, da nova idéia arquitetônica, idéia nascida em muitas cabeças ao mesmo tempo.

Primeiro na França: os grandes arquitetos Corbusier, Tony Garnier, Irmãos Perret, Freyssinet, seguidos por inúmeros e entusiasmados adeptos.

Na Alemanha, o arquiteto Gropius fundou a Bauhaus, escola modelo de arquitetura e artes aplicadas. [Há] inúmeros arquitetos da escola nova na Alemanha. Queremos citar somente Poelzig, Taut, Mendelsohn.

Na Rússia quase não se citam nomes. Tão popular ficou esta arte que a antiga não existe mais. Renova-se o fenômeno dos tempos góticos, onde o indivíduo desaparece e constrói a coletividade, tão poderosa a "idéia".

Na Áustria, Hoffmann, Behrens, Loos e muitos outros. Na Itália, Alberto Sartoris e C. E. Rava. Na Hollanda, Van de Velde, Doesburg e outros. Na Hungria, Torbat, Molnar, Breuer, etc. Na Dinamarca, Linbey, Holm. Nos Estados Unidos, Frank Lloyd Wright, Waid. Na Pérsia, Guewrekian.

Deixo de citar muitos outros paises e muitos outros nomes, por ser impossível citar todos. Espero poder ter demonstrado a importância do movimento de renascença na arquitetura.

***

Pouco tempo passará, e não se poderá mais falar de estilos gótico, Renascimento, Luís XV e outros sem parecer ridículo, salvo referindo-se ao passado.

Haverá um só estilo moderno, com as suas diferenças oriundas do clima e dos costumes. Teremos talvez uma arquitetura européia, outra sul-americana, outra americana. Finalmente, todas juntas formarão um só estilo mundial, criado pelas mesmas exigências da vida, pelo material idêntico usado para a construção, o concreto, o ferro, o vidro. Aliás, construindo pelas leis da mecânica, da estática, da ótica, da acústica, leis estas todas universais, usando do concreto, do ferro e do vidro, seremos obrigados a formas todas cientificas, das quais não será possível libertar-nos e que serão as mesmas para todos os países do mundo. Apesar disto, esta arquitetura será a mais regional possível, porque a sua primeira e principal exigência será a de adaptar-se à região, ao clima, aos costumes do povo.

O arquiteto do futuro não copiará coisa alguma. Procurará inspirar-se no material, do qual usará sempre o mais nobre possível, estudará os arredores imediatos e as exigências da vida particular dos futuros habitantes. Assim as construções terão caráter original, formar-se-á um estilo novo, próprio ao lugar, confortável e de absoluta beleza.

O arquiteto de talento, procurando ser original e sincero, transformando idéias novas em formas novas, apesar de se conservar no molde destas leis todas, apesar de submetido à disciplina férrea da técnica, será um artista muito individual pela força de seu espírito criador.

Estejamos certos disto.

Não se voltará mais às formas antigas. Poderemos admirá-las quando perfeitas, como admiramos nos museus, roupas, mobílias e artes de tempos passados.

A escola nova de arquitetura continuará a antiga tradição dos verdadeiros grandes mestres. Nunca deixaram estes de ser criadores, renovadores, de acordo com as exigências novas de épocas novas, e nunca deixaram de ser originais no melhor sentido da palavra

Nos meus próximos artigos, mostrarei a importância do movimento e os triunfos que a arquitetura nova está alcançando.

[*Correio Paulistano* 5 ago. 1928]

ARQUITETURA DO SÉCULO XX

I

O surto das tendências modernistas, acompanhado, desde logo, por um desenvolvimento rápido e surpreendente do espírito novo, nas novas gerações, tem o valor de uma verdadeira renascença, principalmente se se quiser encarar o problema sob o ponto de vista da arquitetura. A arte de construir é a que mais firmemente pode avançar, no terreno das inovações, talvez em razão de ser obrigada a evoluir obedecendo a certas e determinadas leis imutáveis da natureza. E, não obstante, é a arquitetura a arte que, ensaiando novas diretrizes, maior número de protestos conseguiu angariar, tornando-se, ao que parece, o alvo predileto das invectivas mais ou menos violentas dos conservadores e dos rotineiros.

Afinal, esse é o destino de todas as iniciativas originais, tanto na arte como na ciência: a rotina é tão humana como a preguiça, e, para que ela exista, é necessário, apenas, que o passado forneça grande soma de argumentos a serem opostos às idéias que surgem. Se aceitarmos que a função do passado é precisamente essa de consolidar hábitos e de gerar tendências passivas, como as que determinam a rotina, acharemos que nada é mais natural do que essa reação absurdamente inativa, observada contra o progresso da arte arquitetônica.

Aliás, é coisa fácil ir contra os que procuram novas sendas, principalmente em arte, porque ninguém sabe onde irá dar o novo caminho descoberto. Mas também é verdade que se pode fazer esta pergunta: Se a arte nova, por ser fundamentalmente nova, é passível de erro, sendo também passível de glória a arte velha é isenta de erros por ser velha? Gostaríamos de saber a que argumentos recorreriam os conservadores para negar a evidência de que todas as verdades que eles sustentam são desmentidos a outras verdades do passado, desse mesmo passado que eles pensam perpetuar, sem perceber que o estão negando, até certo ponto.

***

A tradição é um veneno sutil que somente velhos povos podem se orgulhar de ter, embora, mesmo assim, não devam esquecer que a vida contemplativa é a negação da vida. Os povos novos de recente formação, como os americanos, não têm tradição a contemplar: têm vida a viver, conquistas a efetuar, belezas a sonhar e descobrir. Olhar para o passado, quando se é moço, ou só se vê o passado dos outros ou não se vê coisa alguma. E mesmo vendo alguma coisa, é preciso não esquecer nunca que a Arte, com "A" maiúsculo, arte-sangue, arte-ideal, não se faz escolhendo um estilo no passado como se escolhe, numa loja de arrabalde, um guarda-chuva ou um par de botinas. Escolher no passado um estilo para o futuro pode ser obra de antiquário, de melancólico; não será nunca de um artista que compreende a vida. Tanto assim é que todos aqueles espíritos jovens, tanto europeus como americanos, passado naturalmente o primeiro período de polêmicas acerbas e de rivalidades provocadas pela intransigência dos preguiçosos de espírito, estão hoje, numa quase unanimidade de ideais, trabalhando de idêntica forma, respeitando quase os mesmos princípios, adaptando quase os mesmo critérios. A arte que hoje parece dever ser, definitivamente, a da primeira metade do século xx, começa a ser a expressão da coletividade universal. E não se diga que essa convergência de estímulos uniformizará em sua totalidade, as casas do mundo.

Porque, com os mesmos princípios universais, adaptados a cada região, a cada povo, a cada nacionalidade, surgirão, por certo, diferenciações impossíveis de serem previstas agora, mas que darão, sem dúvida, a unidade do estilo do século xx, em sua essência.

***

Sem dúvida, o que há de positivo, por enquanto, em arte moderna, são os princípios. Princípios que a filosofia estética mais lógica e mais perfeita sufraga, dando-lhes valor de existência idêntico ao dos velhos princípios que os modernistas não querem negar e sim, simplesmente, superar.

O que se está fazendo agora, em arquitetura, é experiência consciênciosa e metódica. O ideal dos arquitetos modernos, bem como dos urbanistas e dos sociólogos, que não esquecem que estão vivendo no século xx, é conseguir a diretriz prática para orientar a fabricação de casas em grande escala, a fim de proporcionar, com um mínimo de preço, um máximo de conforto, principalmente às classes menos abastadas. Tal diretriz não foi encontrada ainda; mas as experiências provam e convencem de que ela não está longe de ser uma realidade generosa em conseqüências úteis. Quando a indústria estiver aparelhada, para fornecer, sem interrupção e a preço baixo, determinada classe de materiais aos arquitetos, estes obterão resultados extraordinários com suas iniciativas, posto que nada mais desejam do que dar muito ar, muita luz, muita higiene, um pouco de simplicidade elegante e de muito bom gosto, ao habitante de cada casa. As municipalidades de Viena e de Frankfurt, por este caminho, isto é, utilizando-se, com critério francamente modernista, dos materiais que a indústria local já pode fornecer a preço relativamente baixo e em grande quantidade, estão procurando resolver o problema da habitação, e, pelos resultados conhecidos, ninguém poderá dizer, em sã consciência, que suas tentativas fracassaram. E não é preciso referir-se à Rússia e à Holanda, onde a arquitetura moderna é pleito vencido, tendo saído vitoriosa em toda a linha e da maneira mais absoluta.

Toda a experiência custa muito sacrifício moral e financeiro.

E é por isso que muitos arquitetos modernistas que, como eu, ainda foram educados nas escolas clássicas de arquitetura, mas que conseguiram, por esforço pessoal, libertar-se dos academismos, muito interessantes porém extemporâneos, num desejo intensíssimo de contribuir com sua parte para o progresso da arte, ainda estão construindo segundo os métodos mais ou menos antigos; porque a indústria não lhes fornece, a custo razoável, os elementos de que necessitam. Construímos ainda com tijolo, pedra e madeira: às vezes usamos concreto e ferro, quando o permitem as posses e o desejo do cliente.

Em São Paulo, por exemplo, o concreto é caro e o tijolo barato. Na França, na Alemanha e nos Estados Unidos, tijolos e telha são material caríssimo, ao passo que são convidativos os preços do cimento armado. Assim se justificam as teorias econômico-estéticas de Le Corbusier, de Gropius e outros. Empregando-se materiais de que é rica a região onde se constrói procura-se fazer trabalho que, pelo menos em suas linhas, em sua concepção, corresponda ao tempo de hoje e não seja cópia servil de produtos de épocas passadas. Épocas em que, apesar de tudo, o estilo não existia, pois o "estilo" é a mais infeliz de todas as palavras que os historiadores inventaram para limitar, como em tabuleiro de xadrez, as tendências espirituais de cada período de intensidade cultural.

***

Os piores inimigos do modernismo são os historiadores da arte.

Piores porque, sendo professores de beleza por ofício, tendem a dilatar o sentimento coletivo da rotina. Para eles, o ideal seria que a juventude de todos os tempos reproduzisse, sem cessar, em trabalhinhos de biscuit ou porcelana, edifícios que os gregos, egípcios e romanos, numa ânsia criadora divinizante, construíram para escárnio do seu passado e para glória de sua época. O ideal, para eles, seria fazer bibelôs daquilo que foi expressão possante de energia e de épica grandeza dos povos antigos. Não obstante, muitos dos professores de verdade, desses que estudam a História, não para copiar, mas sim para estímulo no sentido da luz, estão apoiando as iniciativas modernistas, pois eles sabem que é a própria História que exige a determinação de rumos novos, sem os quais não é possível haver História, porque estagnar não é viver. Muitas dessas autoridades, pessoas cultíssimas que conhecem as coisas antigas da maneira mais profunda, têm declarado publicamente que a maneira nova de viver, bem como a maneira nova de pensar, justificam a nova maneira de sentir, expressar e criar. Vejamos o que escreve sobre as manifestações da arte moderna o ilustre arquiteto inglês *sir* Lawrence Weaver, personalidade insuspeita pertencendo à velha guarda, crítico competentíssimo, que assim se expressa, no prefácio de *The Studio Years Book* de 1927:

> [Quanto] Mais procuramos estudar o conflito entre os espíritos modernos e os tradicionalistas, mais nos parece ser a sua causa uma antipatia por formas e idéias às quais ainda não estamos habituados, e que nos parecem estranhas. A guerra não destruiu, ao contrário parece ter agravado, o sentimento nacionalista na política e na economia social. Entretanto, as tendências da arte, depois da guerra, parecem ter eliminado as diferenças nacionais no continente europeu e parecem ter impresso ao movimento moderno qualidades internacionais. Isto não se limita apenas às nações combatentes; todas as demais

> nações também parecem desejar romper com as tradições pelo menos com as tradições de origem recente.

Procuramos inspiração para as formas novas, em parte nos estilos arcaicos e meio perdidos, ou na franca invenção de espíritos criadores. Sendo aceito este reviramento de idéias, teremos pelo menos alguns resultados definitivos. Os trabalhos do nosso tempo trarão a marca deste nosso tempo. Os artistas inventores e criadores merecerão outra confiança e respeito que não [aquelas conferidas a] os bons trabalhadores que se ocupam em copiar trabalhos dos seus predecessores.

Aprecio e respeito profundamente o trabalho realmente moderno, que ousa ser francamente moderno, mesmo que não seja sempre do meu (possivelmente mau) gosto. É que, mesmo no pior dos casos, isto nos revela um ser humano trabalhando e vivendo, lutando para expressar alguma coisa do seu tempo, da sua personalidade, do seu ambiente.

***

Realmente, basta um pouco de raciocínio sadio, de lógica sã, de imparcialidade crítica, para levar a gente à conclusão de que sendo o modernismo, mesmo fragmentário como ele se apresenta hoje, uma expressão de energia criadora, não se lhe pode, nem se lhe deve, negar o direito à existência. Ele é fruto da própria existência.

Assim como a vida de hoje se diferencia, fortemente, da de dois séculos passados, também a arte de hoje deve, logicamente, diferenciar-se da arte daqueles tempos. Nisto tudo, o que parece é que, em matéria de lógica, os conservadores são os verdadeiros... futuristas. E este não é um título que os recomende...

[*Correio Paulistano*, 29 ago. 1928]

II

A soma de argumentos convincentes que militam em favor das idéias novas é tão grande, que seria avareza não procurar dá-las a público, em linguagem ao alcance de qualquer inteligência medianamente culta.

Penso que, expondo alguns desses argumentos, facilmente se conseguirá fazer com que o leitor se convença de que a maneira de construir de um povo deve refletir, positivamente, a sua maneira de sentir. Ora, um povo aumenta, dia a dia, a sua cultura. À medida que sua mentalidade percebe os fenômenos da vida real com mais clareza, adquire maior riqueza de experiência, liberta-se de preconceitos, aprende a usar da máquina, bem como de todo elemento de conforto moderno, com um sentido que só pode ser peculiar a quem possui, precisamente, a sua cultura e a sua capacidade de percepção do mundo exterior; e, de escravo da alimentação e dos rigores da temperatura que era, passa a ser o dominador disto tudo, adquirindo e aperfeiçoando a faculdade de trabalhar eficientemente e de usufruir o prazer de viver. Assume, portanto, diante dos fatos estéticos e dos fatos econômicos, uma atitude que deve ser, e que realmente é, diferente daquela adotada por povos de outras épocas e que se nutriam de outra cultura geradora de conseqüências bem diversas das que podem ser subseqüentes à civilização atual.

Antigamente, como a cultura era privilégio de poucos príncipes, ou de poucos artistas e sábios favorecidos pelos mecenas, os povos não tinham nem podiam ter aquilo que, vulgarmente, hoje se denomina "atitude". Os povos eram passivos, incultos, e a única força que os levava à rebelião era a fome. A própria injustiça era coisa de somenos importância. Só os indivíduos cultos tinham atitudes propriamente ditas, afirmadoras de personalidade. E, como os cultos, ou eram ricos, ou estavam a serviço vitalício e exclusivo dos ricos, deixaram somente documentos reveladores da sua personalidade, e não da personalidade coletiva, do povo de que faziam parte. A única exceção que há, a esta regra, ao que parece, verificou-se nos tempos góticos, quando os grandes monumentos da fé foram levantados pelo povo, pela coletividade – segundo o que afirmam historiadores fidedignos. Os artistas, ainda menos compreendidos do que hoje, eram encontrados entre os operários. De fato, o escultor daquele tempo era o operário que desbastava o mármore, que trabalhava a madeira, que manipulava a greda. Não era o gentil-homem, preso à corte, à "entourage" dos potentados da terra, nem se via protegido, em troca das obras que executava.

Em nossos dias, ao contrário, quando a cultura, embora relativamente cara, já não é privilégio senão daqueles que são inteligentes e que querem aprender, pode-se dizer, sem exagero, que toda a gente começa a pensar. Pode-se dizer que, embora guiada, geralmente, por algumas cerebrações de exceção, a massa procura afirmar-se como expressão de coletividade, tanto numérica como mentalmente vigorosa. E daí resulta, não só a necessidade de se fazerem palácios, pois os donos de grande riqueza sempre tiveram e sempre os continuarão a ter, mas a imprescindibilidade de se fazerem moradias, casas ou máquinas de habitação, onde qualquer pessoa, sem relação aos seus bens escassos ou abundantes, possa gozar do conforto e da higiene a que tem direito porque vive no século XX, isto é, porque possui um patrimônio cultural e educacional maior do que qualquer indivíduo, de qualquer povo de qualquer outro período histórico.

Esta imprescindibilidade, aliada a circunstâncias novas que a taylorização dos métodos proporciona, dá origem, no cérebro dos que pensam com a própria cabeça e com os olhos postos no presente e no futuro, à concepção da casa tipo. É uma concepção que sofreu as mais acerbas críticas, mas que encontra sua razão de ser em inúmeros fenômenos da vida cotidiana.

Le Corbusier e, com ele, a plêiade dos modernistas procuraram, estão procurando ainda, resolver o problema da moradia nobre em sua simplicidade, da maneira que mais de acordo estiver com o espírito da época em que vivemos. Uma tentativa de solução, nada desprezível, desse problema, é a criação da "casa tipo". Sobre este assunto, porém, voltaremos a falar em oportunidade próxima.

É ridículo, pois, o fato dos passadistas atacarem os aventadores de idéias novas, que agem com sinceridade, e com um franco desejo de fazer alguma coisa a bem da arte e daqueles que precisam morar. Os sinceros da vanguarda também têm defeitos – defeitos que são próprios dos que iniciam um movimento novo de idéias, e, principalmente, dos que, sem temor, procuram alterar certos valores de duas coisas tão delicadas, como sejam a arte e a economia pecuniária.

Se somos reprováveis por esses defeitos, por que não o são, por defeitos ainda maiores, os antigos?

Há erros, nas obras da Antigüidade, que só uma criança ingênua na ingenuidade impossível de homens de outras épocas pode justificar. E o pior é que tais erros, além de serem aplaudidos pelos passadistas de hoje, são até seguidos, continuados, sufragados e consagrados!

***

A título de orientação ao público, quero, agora, deixar que Le Corbusier, com palavras suas, exponha, em linhas gerais, a sua teoria sobre arquitetura, visto que, até hoje, o público daqui parece estar informado sobre a personalidade e a produção desse artista apenas pelos seus adversários, por aqueles mesmos que não o querem, e não o sabem, ou não o podem compreender; por aqueles que procuram somente os seus defeitos, realçando-lhes a gravidade com a citação isolada, fora do conjunto para o qual foi pensada. Não admira, aliás, que isso se dê em relação a um modernista, porquanto até Dante e Goethe foram combatidos com armas igualmente desiguais.

Eis o que diz Le Corbusier:

Preocupada com a busca de seus meios novos de realização, a arquitetura apresenta-se como resultado da operosidade de um sábio em seu laboratório: parece, até certo ponto, que somente a razão a inspira, fazendo-se por ela obedecer. E eis-nos, portanto, não falando mais do que em racionalização, industrialização e taylorização. E, para "historicizar" esse acontecimento, suprimimos, antes de tudo, as cornijas, as fachadas e as cúpulas dos séculos anteriores. Levamos a arquitetura para "dentro da casa", para dentro da casa de moradia abandonada até agora – em linha geral – aos cuidados de especialistas anônimos. Os arquitetos de outrora manifestavam a arquitetura na construção de templos e de palácios; nós suprimimos os templos e os palácios. Procuramos, enfim, o tipo da casa de hoje, um tipo que fixasse o conteúdo, o tamanho e o arranjo de sala para um homem não provincial ou nacional, mas para um homem da época equivalente em todos os países do mundo: esforço internacional. Formulamos que "a casa é uma máquina de habitação". A evolução dos tempos modernos nos conduziu a isto, e nisto está a revolução considerável. E o ponto de conflito está precisamente nisso – a grande massa dos que admitiram a "máquina de habitação" pretende parar aí a definição da arquitetura. Entretanto, a arte é inseparável da ação humana, pois a arte não é mais do que a manifestação individual da liberdade, da escolha pessoal, é por ela que o homem sente que existe. Não se pode desassociar uma necessidade espiritual tão fundamental, uma necessidade motriz da ação do homem. É pueril tentar formular um sistema que passaria além desta espécie de "*standard* do coração" seria pueril formular um sistema que não seria equilibrado, que não estaria de acordo com os impulsos eternos da alma humana.

Note-se que aqueles que querem, apenas, a "máquina de habitação", e que apregoam um tal racionalismo hiperagudo, são justamente os menos racionais, são as personalidades mal controladas por uma razão instável, ou gente ainda loucamente sentimental por falta de equilíbrio interior. A "máquina de habitação" tornou-se uma catapulta. Já me fizeram muitas vezes esta advertência: "Atenção! Vós sois demasiado líricos e vos arriscais a perder-vos!". Apesar de tudo, um princípio racional me conduziu a algumas conclusões práticas em relação à "máquina de habitação".

E são estas:

Telhado em forma de terraço, com jardim.

Casas assentadas sobre colunas.

Janelas no sentido do comprimento da parede.

Supressão das cornijas.

A planta livre.

A fachada livre.

Todas estas conclusões são pesquisas de técnica pura.

Mas eu pretendo fazer poemas porque não me interessa a técnica pura. Entretanto, não admito poemas que sejam feitos de palavras em liberdade. Aspiro a um poema feito de termos sólidos, de sentido perfeitamente definido, e agrupados numa sintaxe clara.

A "máquina de habitação" está no caminho da arquitetura. Ela concretiza uma solução inevitável para o equilíbrio de uma sociedade mecanicista. Não obstante, o equilíbrio social não pode existir a não ser em virtude da instigação de um credo, de uma manifestação de lirismo.

Negar o credo, suprimir o lirismo, é, evidentemente, impossível; e, se isto fosse possível, seria como privar o trabalho de sua própria razão de ser: servir ao animal, ao coração, ao espírito. A "máquina de habitação" não abriria novas sendas, novos horizontes artísticos. Onde ficaria, nesse caso, a arquitetura? Convém recordar sempre que a arquitetura fica para além da máquina.

Aí está, numa tradução livre, porém fiel, o que, em linhas gerais, diz um grande artista moderno a respeito da arte que agora surge. Não é um tratado de estética. É, porém, uma confissão que deve estimular todos aqueles que se interessam pelos problemas da arte. É, sobretudo, um apanhado panorâmico que pode demonstrar, aos que conhecem a arte moderna apenas por "ouvir dizer", que todo este movimento espiritual nada mais é do que a comprovante desta grande verdade proclamada pelo próprio Le Corbusier: "A criatura humana não se sente feliz enquanto não se coloca em face de criações que lhe são próprias, brotadas do seu espírito, para deleite do seu espírito".

[*Correio Paulistano*, 5 set. 1928]

III

Ainda as teorias de Le Corbusier

No nosso artigo anterior, demos a público alguns traços gerais das teorias de Le Corbusier, no intuito de as tornar, pelo menos, sumariamente conhecidas dos nossos leitores. É que, até hoje, ao que parece, só se tem publicado, em São Paulo e, talvez, no Brasil inteiro, comentários relativos a essas mesmas teorias, encarando-as por um prisma de oposição voluntária, e às vezes malévola. Entretanto, se o publicamos, com a lealdade que nunca deve faltar, mormente quando se quer discutir com imparcialidade e com o propósito de ser útil à arte ou à ciência – e não a uma determinada corrente de pensamento estético ou científico – isto não quer dizer que sejamos adeptos incondicionais do grande arquiteto francês. Pode-se reconhecer, em qualquer teoria, alguns pontos em que a verdade existe, porque nada há de mau, que seja absolutamente mau, assim como nada há de bom, que seja absolutamente bom. Pode-se dar valor real a alguns argumentos decisivos de um autor, sem que, por isso, o que os apóia seja, forçosamente, seu correligionário. Assim, desde já, convém frisar que nós, militando entre as fileiras dos que já não se querem prender ao passado por se haverem dele libertado por esforço espontâneo da inteligência e da maneira de sentir, não somos prosélitos de Le Corbusier, nem nos acolhemos à sua sombra para ser maior ou melhor, embora reconheçamos e proclamemos que, no que ele fez e no que ele diz, muita coisa há de extraordinariamente útil à evolução das artes plásticas e, principalmente, da arquitetura.

Os problemas que Le Corbusier se propõe a resolver são os mesmos que nos preocupam, em linha geral. São os mesmos, não por *parti pris*, mas porque formam, precisamente, o conjunto de interrogativas, a soma de inquietações, o fulcro, por assim dizer, de todas as aspirações que caracterizam a nossa época, que fazem com que a nossa época seja perfeitamente definida e não se confunda com qualquer outra.

O sentido econômico em arte

Em ciência como em política, em filosofia como em arte, todo o movimento moderno se baseia neste conceito: "economia". Certo, não nos referimos à economia, dando a esta palavra o sentido vulgar, significando o ato de depositar, num banco ou numa caixa econômica, alguns mil réis por mês. Damos, ao vocábulo, o sentido que ele tem de ciência que estuda as relações entre o valor amoedado e o valor-mercadoria; e, dessa forma, é econômica, por exemplo, em arquitetura, a casa que realmente vale o elemento financeiro nela empregado. Ora, sendo a economia uma das características da vida prática que se desenvolve em nossa época, como a especulação abstrata era a característica da vida do século XVII e mesmo do século XVIII, é justo que, hoje, a arquitetura se torne uma arte preocupada com assuntos econômicos, como qualquer arte, nos séculos acima referidos, era pura excursão pela esfera da fantasia. Estamos no século XX e é justo que se faça arte no sentido da vida cotidiana, no sentido único que hoje nos pode parecer verdadeiro, e que é o sentido da terra, com todos os seus esplêndidos defeitos característicos e todas as suas inefáveis virtudes imprevistas.

A arquitetura se negaria a si própria se os que a praticam, que são os engenheiros e os arquitetos, agissem com absoluto desconhecimento das inquietações atuais, como sejam: a carestia da vida, a falta de trabalho, o aumento da população, a criação de novas indústrias, e, enfim, uma interminável série de interrogativas resultantes da própria função vital da coletividade. Das grandes aglomerações citadinas, que são os núcleos vitais do mundo, a força propulsora das novas correntes de atividade prática, que a ciência avançada facilita e que as necessidades da cultura e da educação do nosso tempo exigem, surgiu um problema cuja solução se torna cada vez mais urgente: o da casa econômica, higiênica, e agradável. Construir economicamente, isto é: construir casas que valham o dinheiro que nelas se emprega, e casas que não exijam inversão enorme de capitais – eis aí em que se poderia concretizar uma linha de conduta de um arquiteto que fosse, ao mesmo tempo, engenheiro, artista e educador.

Arquiteto porque sua função é tectônica; engenheiro, porque faz uma máquina de habitação de acordo com os requisitos da ciência, aplicando as últimas conquistas da técnica no sentido de proporcionar ao homem a higiene e o conforto a que tem direito; artista porque, no que executa, revela sensibilidade e respeito pelas proporções; educador porque, como o engenheiro, ensina a utilização das descobertas científicas na vida prática, e, como artista, tende a elevar os espíritos.

O que estamos dizendo não é novo, mas também está longe de ser coisa aceita por todos, e convém, portanto, insistir nisso. Não é novo porque, na Alemanha, por exemplo, a Bauhaus, escola de belas-artes e de artes aplicadas, mantida pela municipalidade de Dessau, e que serve de laboratório experimental das novas idéias arquitetônicas, já reconheceu e proclamou a necessidade acima exposta, iniciando uma educação estética, que, sendo altamente espiritual, não esquece das contingências da vida terrena.

As experiências da Bauhaus são de grande valor, e ficarão na história da arquitetura, correspondendo, na crônica do espírito moderno, às experiências de Alberti, iniciando o movimento da renascença no século XIV, na crônica de uma estética que já passou.

A "casa tipo"

A Bauhaus, quando dirigida por Gropius, procurou fazer uma "casa tipo", e chegou a construir uma para a exposição de Weimar (1923). "Casa tipo" não quer dizer, como certos elementos passadistas procuram fazer crer ao público, um único tipo de casa, infinitas vezes repetido, igual em tamanho, em linhas, em função, para todos os seres humanos. "Casa tipo" foi a expressão que se convencionou usar para designar a construção de casas, utilizando-se o arquiteto de quartos já prontos, de diversos tamanhos, a cada um dos quais será possível imprimir um cunho particular, uma característica fundamental que corresponda, plenamente, às funções a que são destinados. Acontecerá com tais quartos o mesmo que se verificou na música: os tons da escala são poucos, entretanto, toda a música composta, até hoje, não precisou de outros para ser infinitamente variada.

Le Corbusier já expôs uma teoria parecida. Imaginou, também, quartos de duas dimensões diferentes, que denominou células e meias células, com as quais ele compôs casas para todas as exigências familiares, sem, entretanto, uniformizar o tamanho delas, nem o caráter de suas funções. Células são os quartos, as salas; as meias-células são as cozinhas, banheiros, etc. Com tais elementos, que não podem ser mais simples, nem mais econômicos, ele construiu um bairro de 56 casas em Pessac, Bordeaux. São da propriedade do grande industrial francês sr. Fruges.

Casas econômicas

No ano de 1925, a municipalidade de Frankfurt elaborou um programa para a construção de casas econômicas, a fim de resolver a crise das habitações. Conseguiu, realmente, construir umas sete ou oito mil casas, no curto espaço de uns três anos;

casas que foram desenhadas pelos seus engenheiros srs. Ernst May e Boehm, com a colaboração dos arquitetos Kaufmann, Brenner, Schuster, Rudloff, Assmann e outros.

O programa então estabelecido obedeceu a planos de urbanismo moderno e a um método de construção caracteristicamente do nosso tempo. Portas e janelas, ferragens e mais acessórios, foram estandardizados. Uma parte das casas foi construída em tijolos furados e a outra em concreto com pó de pedra; e todas montadas por um sistema peculiar usado em Frankfurt. Os telhados são planos, sendo grande parte deles aproveitados para terraços. O que há de moderno nessas casas, além do tipo arquitetônico, é o abastecimento de água e o serviço de aquecimento para um bairro inteiro, por uma central distribuidora, como até agora só conhecemos dentro dos grandes prédios de apartamentos.

Nos Estados Unidos, nas primeiras experiências feitas (com casas pequenas) há dez anos, usaram-se paredes já prontas, o que diminuiu, de fato, o tempo do trabalho, eliminando uma grande parte dos salários que seriam indispensáveis para a sua construção por outro método, e também por estar a salvo das interrupções dos serviços, ocasionadas pelas variações atmosféricas.

No Brasil, as possibilidades de se levar a efeito esse tipo de construção econômica não são poucas. Já existem algumas experiências feitas, experiências em via de realização e também já concluídas,[1] e que estão dando, tanto sob o ponto de vista financeiro como da comodidade que proporcionam aos seus habitantes, bons resultados. É verdade que sempre se procurou construir casas econômicas; mas o sentido da economia, apenas aparente para o proprietário que encomenda a construção, tem consistido em fazer uma casa por baixo preço, mas empregando, também, material que só pode ser bom para quem não quiser ver. Dessa forma, a economia torna-se uma fraude perfeitamente caracterizada.

Em São Paulo, dada a carestia de cimento e a falta de materiais para construção (materiais adequados à construção moderna), ainda não é possível fazer o que já se fez em outras partes do mundo. A indústria local, se bem que em estado de incessante progresso, ainda não fabrica as peças necessárias, estandardizadas, de bom gosto e de boa qualidade, como sejam: portas, janelas, ferragens, aparelhos sanitários, etc. Estamos sempre peados pela obrigação de empregar material importado, o que vem a encarecer muito as construções. Assim, torna-se evidente a quase impossibilidade, no momento, de se obter material manufaturado convenientemente e por baixo preço. Ora, isto impede que nos libertemos do uso do tijolo, material antiquado, que pouco se presta ao tipo arquitetônico que ora surge. Mesmo assim, com todas essas dificuldades, conseguem-se realizar trabalhos orientados à maneira moderna, com uma economia de 25% sobre o custo total, apesar de serem executados com material de primeira ordem. A economia é resultante da quantidade de material empregado, quantidade que é menor, pois a construção se faz cientificamente, pelo que se consegue, também, a redução de mão-de-obra devido à organização inteligente do esforço dos operários. Acresce que há a vantagem de erigir muitas casas juntas, o que, quando se emprega a estandardização, é fator essencial de barateamento. Além disso, economiza-se eliminando-se as coisas inúteis, ingenuamente necessárias em casas antiquadas, mas que, graças ao bom gosto e à simplicidade da construção moderna, passam a ser perfeitamente dispensáveis, se não ridículas.

O tijolo é um material arcaico. Precisamos de outro material mais volumoso, a fim de que se possa levantar uma parede com maior rapidez. Sendo o tijolo um elemento de unidades cujas dimensões são diminutas, ele requer, para se atingir uma altura preestabelecida, um esforço conjunto muito maior do que com o emprego de material mais volumoso. O tijolo, sem dúvida, já teve a sua razão de ser, para a construção de cornijas elaboradas, e para certos tipos de prédios executados em material visível obedecendo a desenhos especiais em sua colocação, como se usa no norte da Alemanha, na Holanda, e na Inglaterra. Quando as paredes devem ser revestidas de argamassa, o material a empregar-se poderá ser outro, desde que obedeça às leis da estática, que seja impermeável e higiênico.

Os blocos de material manufaturado, que desejamos, já teriam os orifícios para a passagem dos encanamentos, o que representaria uma grande vantagem econômica, porque, nas construções modernas, os encanamentos ocupam um lugar de relevo. Por essa razão, devemos insistir na necessidade de se preparar o material destinado às construções, nas usinas, material esse que consistiria em partes componentes da construção geral, como sejam: células ou quartos já prontos e paredes desmontáveis. As experiências européias e norte-americanas provam que isto é possível. Seria, pois, de grande conveniência que os nossos grandes industriais, aos quais cabe o papel dos Medici no século XIV, se interessassem por esse problema, patrocinando as experiências necessárias, porque é deles, principalmente, que depende a solução dessa enorme interrogativa, constituída de um assunto técnico e humanitário, concretizada na indústria de casas adequadas ao homem do nosso século.

[*Correio Paulistano*, 14 set. 1928]

IV

PASSADISTAS E FUTURISTAS

Um problema fraseológico

Seria nosso desejo continuar, hoje, nas nossas breves exposições periódicas das principais teorias que surgiram, ultimamente, em relação à arte, e, principalmente, à arquitetura. Todavia achamos que seja oportuno, antes de mais nada, fazermos uma pequena digressão pelo mundo da fraseologia, porque é a fraseologia a causadora de muitas das desinteligências agora reinantes entre futuristas e passadistas, isto é, entre criaturas da mesma época, autoras em conjunto da mesma civilização, e que, mesmo assim, se colocam em posições diametralmente opostas, a ponto não só de não se compreenderem, mas até de se guerrearem, como verdadeiros inimigos.

De fato, o que é futurismo? Que é passadismo?

Poucas, bem poucas pessoas saberiam dar a estes vocábulos uma definição precisa, ou, pelo menos, isenta de partidarismo entusiástico ou malévolo. São palavras que, com o andar dos tempos, e com o abuso feito ora por uma, ora por outra das partes que se acham em luta, parecem já ter perdido o seu verdadeiro significado. De tal forma esse fenômeno se produziu, que, agora, quem disser futurismo, dirá loucura, desequilíbrio, irracionalidade; da mesma maneira que, para certos espíritos, quem disser passadismo, significará algo de supremamente equilibrado, de puro, de grandioso, de aticamente elevado.

Será talvez leviandade de nossa parte querer, neste artigo, desfazer essa confusão, essa posição negativa dos vocábulos. Mas não será difícil, e poderá até ser útil a muitos tentar atenuar tal confusão e, ao mesmo tempo, procurar recolocar, no seu devido alcance, duas significações que são, sem exagero, o pomo da discórdia dos artistas da atualidade.

Embora a palavra futurismo seja nova, formulada há poucas décadas, o seu sentido já existia na mente dos povos mais remotos, da mesma forma que a palavra estética, formulada por Baumgarten, veio designar uma ciência outrora sem nome, mas amplamente explorada pelos filósofos da Antigüidade, e que o conjunto de observações relativas à atualidade da alma só modernamente recebeu o nome científico de psicologia.

Futuristas

Futurista é e foi todo o homem que, não se contentando com o existente, com o atualmente conseguido, procurou e procura caminhos novos, a fim de se aperfeiçoar. É aquele que, tendo conseguido um estado de perfeição relativa, não se dá por amplamente satisfeito, sabendo que o seu cérebro, em perpétua evolução, tende, por natureza, a investigar, a correr em busca de novas possibilidades, seja para suavizar a vida, em seu sentido material, que é impossível esquecer ou desprezar, seja para a enaltecer, em tudo o que ela tem de claramente espiritual, que também é necessário ao homem requintado. Assim, pode-se dizer, mesmo com o risco de ir melindrar os escrúpulos fraseológicos dos passadistas mais ou menos agarrados à rocha da tradição, como ostras monstruosas, que foi futurista o homem que, primeiro, entre seus semelhantes mentalmente preguiçosos, procurou utilizar-se do fogo, para a manipulação dos seus alimentos primitivos, para a luta contra os rigores invernais, para a produção da força, por intermédio do vapor ou da explosão; futurista foi aquele que, insatisfeito com a vida rude que levava, na gruta pré-histórica, conseguiu, com um machadinho rudimentar de pedra, derrubar a primeira árvore, tentando construir a choupana, a residência adequada à sua condição de criatura humana, conduzindo, depois, por esse mero gesto de proteção individual ao seu corpo, toda a humanidade pelo caminho da construção residencial, e, daí, a uma verdadeira arte, como é a arquitetura. Futuristas foram, enfim, todos os grandes homens de Estado, todos os artistas, todos os cientistas, todos os abnegados, como Head e como Berthelch, que, olhando para o futuro, chegaram até a sacrificar o seu presente, para dar a esta grande humanidade, que, afinal, nem sempre se lembra deles com carinho, o estado do progresso e a possibilidade do bem-estar que ela hoje desfruta. Foram futuristas, isto é, *procuraram e conseguiram, em grande parte, adi-*

vinhar o sentido do futuro, os grandes hoje justamente venerados, como Leonardo, como Gusmão, como Verne, e até – por que não dizer? – como Mauá e José Bonifácio.

Passadistas

E passadistas? Que são os passadistas? São aqueles que, apenas lembrando-se do passado, não conhecendo nada mais do que o passado, e não vivendo, aliás, parasitariamente, senão das conquistas que outros abnegados fizeram, transcorrem a vida toda a adotar figuras e coisas que passaram.

Não seria de todo desinteressante estudar a maneira pela qual os passadistas dizem venerar os grandes que já se foram, deixando uma réstia de luz no templo, marcando a sua trajetória. Eles os adoram, contemplativamente, isto é, negando-os, porque a verdadeira maneira de os venerar seria não comemorá-los em banquetes suntuosos, onde de tudo a gente se lembra, menos dos comemorados, mas sim seguir os seus ensinamentos, continuar o caminho que eles iniciaram, granjeando, para a humanidade inteira, e não para o gozo pessoal egoístico, sabedoria e bem-estar.

Passadista era nosso avô, quando não concebia e até se recusava categoricamente a viajar em estrada de ferro, pelo simples fato de ter sido a locomotiva, a seu tempo, uma coisa nova, um produto da "maluquice".

Eram passadistas os que acenderam a fogueira de Gusmão e de Giordano Bruno, como eram passadistas todos aqueles que, na aurora da aviação, tiveram ânimo de rir de Santos Dumont.

Eles formavam entre os que, no tempo da Renascença, choravam pela época dos góticos, achando-a maravilhosa, naturalmente na mesma relação em que achavam horríveis a arte dos dias em que viviam, com atitude idêntica à dos nossos tradicionalistas que acham estupendo os tempos dos góticos e dos renascentistas, na proporção exata em que supõem verdadeiramente catastróficos, para a arte e para a ciência, os dias em que vivemos. Passadistas, na mais lógica acepção desse vocábulo, são aqueles que nascem velhos; os incapazes de um esforço no sentido de perfeição; os que têm o que têm porque é o que lhes deram ou lhes legaram. Infelizmente, assim como há velhos iguais a Pirandello e a Bernard Shaw, cujos espíritos desconhecem as influências acomodatícias que o tempo exerce, também há jovens cujos espíritos já nasceram caducos, cujos neurônios já vieram ao mundo frouxos e combalidos e que só se sentem bem quando nenhum esforço lhes é exigido, seja para que fim for.

Ser passadista significa não ser coisa alguma, porque nenhuma existência tem sentido quando desfocalizada de seu tempo. "Querer ser clássico", como diz Ortega y Gasset, "é assim como partir para a Guerra dos Trinta Anos." Querer fazer literatura em torno do grande sonho de Ícaro e detestar, depois, a nova maneira de sentir que a realização mecânica, perfeita, absoluta daquele sonho proporcionou à humanidade, é como adotar Leonardo, porque foi antigo, condenando-o, ao mesmo tempo, pela descoberta primeira das leis da perspectiva geométrica, porque essa descoberta foi, em seu quadro histórico, futurista, da mesma forma que é futurista, em certo sentido, aquele que, hoje, procura criar novas leis de perspectiva.

Uma palavra genial e dinâmica

O mal todo, ou se quiserem, uma grande parte do mal, está em que se inventou, modernamente, a palavra "futurista". Não se pode negar que, em realidade, essa palavra surgiu de um relâmpago de genialidade de Marinetti. É a palavra símbolo, por excelência. É tão genialmente vaga e dinâmica, que nenhum espírito, velho ou moço, continua a ser indiferente, depois de a ter ouvido pela primeira vez. Foi um prodígio. Essa palavra, composta de palavras simplicíssimas, teve o condão de criar uma verdadeira barreira, tanto espiritual, entre as duas grandes facções da humanidade: entre os que agem e os que se adormentam à sombra dos benefícios resultantes da atividade dos outros. Depois de criada essa barreira, declarou-se violentamente a luta entre os dois partidos.

Antigamente, o que havia eram lutas entre tendências. Quando Delacroix lutava em prol do romantismo pictórico e Ingres reafirmava a sua fé na arte da Antigüidade clássica, a luta era entre pontos de vista. Hoje, não é um ponto de vista que se discute: é uma razão histórica que se esclarece, é uma fatalidade psicronológica que se revela. Não há meio termo: ou se está com nosso tempo, ou se está com o tempo dos que já não existem, e, portanto, contra o nosso tempo.

Marinetti, hoje, aliás, pode ser considerado passadista, homem que parou. Mas o verbo continua a atuar, e, o que mais importa, a luta por ele declarada, além de ficar claramente estabelecida, tornou-se uma questão mais de história da evolução do pensamento, em geral, do que um mero incidente na cronologia da arte.

A eterna tragédia

Pode-se dizer, sem temor de erro, que a luta entre passadismo e futurismo é a eterna tragédia da vida humana; é a luta da juventude, confiante e criadora, contra a velhice acomodatícia. No fundo da alma de cada jovem há sempre um impulso de aventureiro. Ser jovem é ser cigano em busca de todas as coisas novas, de todos os movimentos imprevistos, de todas as belezas ainda não suspeitadas.

Ser velho é viver a chorar o tempo em que se foi jovem, achando lindas apenas as mulheres que floriram na sua juventude, maravilhosa somente a arte que se consagrava nos seus verdes anos, magnífica a jovialidade, provavelmente ingênua, de quando ele ia para a escola.

Raros são os velhos em idade que não sejam passadistas: Edison, Bernard Shaw e Amundsen são exceções. Há gente que, mesmo jovem, se revela velha pelo temor de viver sem se apoiar na tradição. Há, também, indivíduos ardorosos sem especificação de idade. Todos esses são futuristas, são pesquisadores das interrogativas que serão formuladas pelo tempo que há de vir.

O ritmo de nossa época

Ser futurista, hoje, é ser, portanto, investigador das tendências espirituais do século XX, embora sem esquecer o manancial de sabedoria que os outros nos deixaram. É estar marchando com o ritmo da nossa época, época em que novas filosofias se sistematizam, novas artes se criam, novas religiões se fundam.

Uma nova arte – eis aí um grande passo para satisfação das aspirações da gente de nosso tempo. Uma arte, e, portanto, também uma arquitetura, que não seja a repetição cansada de tudo o que já se contemplou. Nesta grande ânsia, neste grande problema da expressão da alma contemporânea, a arquitetura joga um papel importante. Tão importante que nenhum povo, desses que se dizem estar, ou que estão, de fato, na vanguarda da civilização, o pode esquecer nem desprezar.

Nesta tentativa arrojada, de destruir, primeiro, o velho conceito arquitetônico, e de criar, depois, o conceito novo, aquele que há de dar a plenitude da expressão do nosso tempo, da nossa alma, da nossa cultura, com todos os seus maravilhosos defeitos, conjugamos os nossos esforços, porque somos jovens. Pode ser que estejamos errados. Uma coisa, porém, se sabe desde já: nada, do passado, poderá predominar no futuro; o futuro é daqueles que marcham, não dos que se embalam ao som da marcha fúnebre das idades mortas.

[*Correio Paulistano*, 23 set. 1928]

V

UM CONGRESSO QUE MARCOU ÉPOCA NA HISTÓRIA DA ARTE

A conferência de La Sarraz

De 26 a 30 de junho deste ano, realizou-se no castelo de La Sarraz, perto de Lausanne, o I Congresso de Arquitetura Moderna. O público brasileiro não teve, naturalmente, notícias detalhadas e talvez nem sequer sumárias dessa importante assembléia, a não ser por um e outro comentário vago.

As agências telegráficas – essas que tão solícitas se mostram quando se trata de transmitir, para qualquer parte do mundo, a notícia de um acidente banal –, essas, é lógico, deixaram de dar importância àquela reunião de espíritos elevados. Para elas, que são obrigadas, por contratos com as empresas jornalísticas, a transmitirem, para um determinado ponto da Terra, cotidianos da vida que se vive em todos os outros pontos, pouca coisa deveria representar, de fato, um congresso de arquitetos que, por motivos culturais e práticos, se reuniam para discutir isto: o futuro de uma das artes mais nobres, a arquitetura. Congressos desse gênero não fazem parte da banalidade de todos os dias...

Dessa forma, os jornais brasileiros, como todos os jornais da América do Sul, não tiveram informação detalhada sobre aquela assembléia. E como também os correspondentes especiais nem sempre são destacados para fins artísticos, o público, a massa de criaturas pensantes que se agita neste imenso país, continuou a ignorar não só os problemas aventados e discutidos ardorosamente naquele congresso, como também a sua própria reunião.

É lógico que, sendo assim, se desconheça aqui, em linha geral, a importância que teve aquela grande assembléia para o mundo artístico. Importância que não se limita aos interesses de um único país, que não se circunscreve a um continente tão civilizado como a Europa, mas que se estende a todas as partes da Terra onde palpita um coração, onde há um cérebro que raciocina e um sistema nervoso que não se embotou ao influxo das malfadadas academias de beleza.

Com efeito, antes de se reunirem os membros do primeiro congresso de arquitetura moderna, todos os grandes problemas dessa arte já tinham sido não solucionados, mas profundamente meditados por cada um deles, individualmente. Naquela aula memorável, não foram, portanto, discutidas meras questões de ponto de vista pessoal. Os debates se realizaram em torno de verdadeiros núcleos de interrogativas e se concretizaram na explanação de tudo aquilo que as mentalidades mais excelsas da nossa época, naquele ramo da atividade humana, tinham estudado com um amor e com uma força de vontade que deveriam surpreender os próprios "ratos" de biblioteca. Era o que de mais puro, de mais sadio, de mais adiantado e de mais simples a mentalidade contemporânea tinha, até então, produzido e pensado em matéria arquitetônica.

A isto, que significava a primeira afirmação real do espírito moderno nos ambientes intelectuais do mundo, as agências não deram sequer a importância de um desastre de diligência, desses que ainda acontecem em regiões desprovidas de meios de comunicação melhores.

Seria de lamentar tal fato. Mas não é. Até certo ponto, é justo que não se mesclem, no mesmo cabo telegráfico, a caxumba de um notário e os arroubos quase místicos de um artista.

Os que apoiaram o movimento dos arquitetos modernos

Produziram-se, por ocasião do Congresso de Arquitetura Moderna, uma série de acontecimentos tão importantes, que a data de 1928 ficará como o sinal de uma profunda evolução. Há sinais especialmente interessantes e ricos em promessas futuras.

Vemos, antes de tudo, a reunião espontânea dos arquitetos mais corajosos e mais talentosos que a Europa possui: a resolução que tomaram, a declaração unânime que fizeram a propósito de uma arquitetura que deve expressar o espírito do seu tempo, a sua recusa categórica de empregar nos seus métodos de trabalhos os princípios que movimentaram as sociedades passadas e, finalmente, a sua decisão de tornar a pôr a arquitetura no seu plano verdadeiro, o plano econômico e social.

Os que lerem esta declaração oficial, que adiante vai transcrita, saberão o que ela significa pela força de suas vinte e quatro assinaturas e pela tripla proteção de um comitê de patrocínio internacional, composto de homens de Estado, grande industriais, intelectuais, representantes das organizações internacionais. Sobre a folha verde distribuída no Congresso de Arquitetura Moderna figuram os nomes de M. Benés, ministro das Relações Exteriores da Tchecoslováquia; Brodero, subsecretário de Estado para a Instrução Pública da Itália; Paul Devinat, diretor do Instituto Internacional de Organização Científica do Trabalho; Richard Dupierreux, chefe das relações artísticas do Instituto de Cooperação Intelectual; Arthur Fontaine, presidente do Bureau Internacional do Trabalho; Jan Loudon, embaixador dos Países Baixos em Paris; Osusky, embaixador da Tchecoslováquia em Paris; L. Romier, diretor do Redressement Français; E. R. Buehler, industrial de Zurique e presidente da Werkbund Suíça; dr. H. C. Bosch, industrial de Stuttgart; Georges Delabart, presidente do Conselho de Administração do Crédito do Norte; Henry Frugés, industrial de Bordeaux; professor Junkers, industrial de Dessau; Jean Michelin e Gabriel Voisin, grandes industriais de Paris, e vários outros, cuja enumeração seria talvez tediosa.

Esses nomes deveriam ser, para todos os espíritos de boa fé, a melhor garantia de que aquele congresso era, talvez, a coisa mais séria jamais tentada na história da arte, no sentido de unificar os esforços das grandes mentalidades, a fim de tornar conhecidos de todos os produtos do espírito da época em que vivemos.

O manifesto

O manifesto estava assim redigido:

> Os arquitetos abaixo assinados, representando os grupos nacionais de arquitetos modernos, aqui deixam confirmada a sua solidariedade, a sua unidade de opinião sobre as concepções fundamentais da arquitetura, assim como sobre os seus deveres profissionais para com a sociedade.
>
> Insistem particularmente sobre o seguinte: construir é uma atividade elementar dos homens, intimamente ligada com a evolução e o desenvolvimento da vida humana. O dever dos arquitetos consiste em se porem de acordo com a orientação de sua época. As suas obras devem exprimir o espírito do seu tempo. Os abaixo assinados se recusam categoricamente a empregar, nos seus métodos de trabalho, os princípios que puderam movimentar as sociedades passadas e confirmam, ao contrário, a necessidade de uma concepção nova. Querem uma arquitetura satisfazendo as exigências espirituais, intelectuais e materiais da vida atual. Conscientes das transformações profundas, operadas na estrutura social pelos maquinismos, reconhecem que a transformação da ordem e da vida social fatalmente acarreta uma transformação correspondente do fenômeno arquitetural. O fim exato desta reunião é de conseguir a harmonia entre os elementos presentes, colocando para isto a arquitetura no seu verdadeiro plano, que é o plano econômico e sociológico, livrando-a das influências estéreis das academias conservadoras e das fórmulas do passado.

LES CONGRÈS INTERNATIONAUX D'ARCHITECTURE MODERNE

OS CONGRESSOS INTERNACIONAES DE ARCHITETURA MODERNA

MANIFESTO DE LA SARRAZ

Os architectos abaixo assignados, representando os grupos nacionaes de architectos modernos, aqui deixam confirmada a sua solidariedade, a sua unidade de opinião sobre as concepções fundamentaes da architectura, assim como sobre os seus deveres profissionaes para com a sociedade

Insistem particularmente sobre o seguinte: construir é uma actividade elementar dos homens, intimamente ligada com a evolução e o desenvolvimento da vida humana. O dever dos architectos consiste em se porem de accordo com a orientação de sua época As suas obras devem expressar o espirito do seu tempo

Os abaixo assignados se recusam categoricamente a empregar, nos seus methodos de trabalho, os principios que puderam movimentar as sociedades passadas e confirmam, ao contrario a necessidade de uma concepção nova Querem uma architectura satisfazendo as exigencias espirituaes, intellectuaes e materiaes da vida actual. Conscientes das transformações profundas, operadas na estructura social pelos machinismos reconhecem que a transformação da ordem e da vida social fatalmente acarreta uma transformação correspondente do phenomeno architectural. O fim exacto desta reunião é o de conseguir a harmonia entre os elementos presentes, collocando para isto, a architectura no seu verdadeiro plano, que é o plano economico e sociologico, livrando-a das influencias estereis das academias conservadoras das formulas do passado.

Nesta convicção declaram-se associados para poderem realisar, moral e intellectualmente, as suas aspirações num campo de acção iuternacional

Architectos — *Haering* e *May* - Allemanha, *Frank* - Austria, *Victor Bourgeois* e *Hoste* - Belgica, *Lundberg Holm* e *Henningsen* - Dinamarca, *Mercadal* e *Zavala* - Hespanha, *Neutra* - Estados Unidos, *Auguste Perret* e *Le Corbusier* - França, *Oud* e *Mart Stam* - Paizes Baixos, *Fred Jorbat* e *Molnar Jarkas* - Hungria, *Alb. Sartoris* e *C. E. Rava* - Italia, *Edvard Heiberg* - Noruega, *Cirkus* - Polonia, *Karl Moser* e *H. Schmidt* - Suissa, *El Lissitzky* - Russia, *Krejcar* - Tchecoslovaquia.

São membros do comitê os architectos: *Peter Behrens, H. P. Berlage, Tony Garnier, Josef Hoffmann, E. Saariuen, Van de Velde e Frank Wright*, nomes sobejamente conhecidos no mundo da architectura.

GREGORI WARCHAVCHIK – DELEGADO PARA A AMERICA DO SUL – 18, RUA BARÃO DE ITAPETININGA – SÃO PAULO (BRASIL)

Um exemplo da militância de Warchavchik na difusão da arquitetura moderna foi a publicação e distribuição de folhetos com a tradução do Manifesto de La Sarraz, apresentado no CIAM de 26 a 30 de julho de 1928.

Nesta convicção declaram associar-se e ajudar-se mutuamente para poder realizar, moral e intelectualmente, as suas aspirações num campo de ação internacional.

Seguem as seguintes assinaturas:

> Arquitetos: Haring e Hay, Alemanha; Frank, Áustria; Victor Bourgeois e Hoste, Bélgica; Lundberg Holm e Henningsen, Dinamarca; Mercadal e Zavala, Espanha; [Richard] Neutra, Estados Unidos; Auguste Perret e Le Corbusier, França; Oud e Mart Stam, Países Baixos; Fred Jorbat e Molnás Jarkás, Hungria; Alberto Sartoris e C. E. Rava, Itália; Edvard Heiberg, Noruega; Cyrkus, Polônia; Karl Moser e H. Schmidt, Suíça; El Lissitsky, Rússia; Krejcar, Tchecoslováquia.

Os delegados da Inglaterra, da Iugoslávia, dos países escandinavos e da América do Sul ainda não foram designados. São membros honorários do comitê os arquitetos: Peter Behrens, H. P. Berlage, Tony Garnier, Joseph Hoffmann, A. Loos, E. Saarinen, Van de Velde e Frank Lloyd Wright, nomes sobejamente conhecidos e célebres no mundo da arquitetura.

Aderindo ao Congresso, o sr. Joseph Vago, um dos arquitetos oficialmente designados para construir o Palácio da Liga das Nações, dirigiu uma carta que foi lida na seção inaugural da assembléia.

A carta de Joseph Vago

Transcrevemos o trecho mais importante da missiva, que é o seguinte:

> Budapeste, 20 de junho.
>
> Lendo o vasto e interessante programa do Congresso preparatório de arquitetura moderna que meu amigo (professor Joseph Hoffman, de Viena) me enviou, fiquei interessado em participar destes trabalhos.
>
> Um de meus trabalhos, um pequeno clube, já executado em 1912 e publicado em *L'Architecte* (agosto/1926), testemunha – com suas delgadas colunas em concreto armado – minhas idéias sobre a arte. É bem verdade que meu último trabalho, o projeto-concurso para o Palácio da Sociedade das Nações, não podia agradar a meus colegas, já que devido à falta de tempo e também de oportunidade, não pude criá-lo conforme desejava, mas apesar disso continuo sendo um artista moderno por convicção. Ora, definitivamente nomeado entre os arquitetos encarregados da execução do palácio, travei uma luta desesperada contra os outros arquitetos colaboradores pela vitória das idéias modernas. É por isso que eu gostaria tanto de consultar meus colegas modernos e pedir-lhes apoio moral na estrita convicção de que a vitória da modernidade na construção do Palácio da Sociedade das Nações significa a vitória definitiva da arte moderna.
>
> Assinado Joseph Vago. (Transcrito de *La Suisse*, de Genebra, de 3-7-28)[1]

Vê-se perfeitamente, pelo que vai acima esclarecido, que o I Congresso de Arquitetura foi de fato o que se poderia chamar a pedra fundamental dessa grande obra que será a arquitetura do porvir.

Dos problemas ali aventados, e que trataremos de explanar logo que se apresentar a oportunidade, nenhum foi definitivamente solucionado. Se o fossem, talvez a arte moderna teria tido, naquela memorável conferência, a sua sentença de morte. Todavia, uma coisa ficou assentada: a reunião dos esforços de cada um, a fim de ser atingido o ideal de todos, por meio de propaganda intensiva e extensiva e por meio da realização de obras arquitetônicas exclusivamente feitas para o predomínio do espírito novo.

O significado de uma assembléia

A realização de semelhante *meeting*, com a repercussão por ele operada no espírito de todos aqueles que procuram adivinhar o ritmo do tempo moderno, tem um significado essencial. Veio provar que, nesta época febricitante, em que os passadistas tanto se comprazem em denominar "materialista" e "pueril", os modernistas são precisamente os únicos que não abandonaram a intensidade e a continuidade da vida intelectual, iniciada e levada a muitas glórias pelos nossos antepassados.

Veio provar que um problema de arquitetura é ainda, para uma incontável legião de gente culta, uma coisa digna de ser tratada com o mesmo carinho com que, no passado, artistas e filósofos tratavam os pontos inquietantes que a elevação cultural do tempo em que viveram lhes propunha para serem por eles resolvidos.

Arquitetura moderna, como arte moderna em geral, não é um capricho, é uma realidade, uma urgência, uma premência do tempo histórico na mente daqueles que pensam.

Há fatos que provam, exuberantemente, o que dizemos; o I Congresso de Arquitetura Moderna é um dos tantos que já se conhecem. Só não os compreenderá nem verá aquele que, fechado na sua torre de banalidades e de repetiçoes, for cego para a vida imensa, audaz e fremente que palpita ao seu redor.

Quem meditar a sério sobre a função da arte e, mais ainda, sobre o significado da obra artística na vida dos povos, saberá que os apóstolos das novas estéticas ainda são os únicos que tentam engrandecer, positivamente, o valor da vida humana, seja dando-lhe o conforto que a civilização justifica, seja ampliando-lhe as possibilidades expressivas dos seus sentimentos.

[*Correio Paulistano*, 9 out. 1928]

VI

AS RELAÇÕES ENTRE A ARTE E A CULTURA

Uma tendência espontânea

Nestes breves rodapés que estamos escrevendo, sem um método preestabelecido, e sem desejo algum de diminuir o valor de quem quer que seja, ainda cabem, à margem de rápidas anotações de caráter exclusivamente técnico, ligeiras considerações sobre as relações entre a arte e a cultura do nosso tempo. Com isto, embora não queiramos fugir às demonstrações práticas que provarão mais amplamente – como, aliás, em parte já conseguimos provar – a conveniência financeira e sanitária que há em construir casas, nos dias de hoje, com os processos atuais, que a indústria faculta e que a razão aceita.

Dissemos que estes nossos artigos estão sendo por nós escritos sem método preestabelecido e que, portanto, não obedecem a uma seqüência estudada de antemão; temos alternado considerações técnicas com deduções de caráter francamente criteriológico, sabendo que os nossos leitores poderão, por si sós, tirar, desse conjunto de argumentos, as induções que os levarão a conceber a arte moderna não já como um produto da vaidade ou do esnobismo, e sim como uma afirmação lógica e simples do ritmo da marcha da cultura e da educação. Mesmo assim, entretanto, os que acompanharam e ainda estão acompanhando essa publicidade serena das idéias modernistas devem ter percebido que, no fundo de todas as nossas declarações, há um impulso espontâneo, um critério homogêneo, uma diretriz firme, que não é fruto do acaso. É resultante de longos estudos, de demoradas meditações, feitas no silêncio do nosso gabinete de trabalho, tendo por base as observações colhidas nesse grande cenário de lutas e de exemplos que é a vida cotidiana das imensas cidades civilizadas.

Contradição entre a arte e a cultura do nosso tempo

Quando encetamos a nossa separação pessoal daquele acervo de arte que constitui, para muita gente, o "Passado" e procuramos, pela primeira vez, fazer uma arquitetura que se enquadrasse nas contingências do tempo atual, não o fizemos por partidarismo – o que poderia parecer, até certo ponto, reprovável –, e sim por uma urgência iniludível dos nossos sentimentos. Víamos, desde aquele momento decisivo para a nossa concepção da missão do arquiteto, que havia uma contradição flagrante entre os processos expressionais da arte, assim chamada "passadista", e todo o resto da cultura que as sumidades intelectuais do novo século tinham conseguido acumular. A contradição era tão evidente, que o próprio estudo da História das Civilizações nos levou a "sentir" que uma vez que estávamos numa nova era das conquistas do espírito, já não era possível prosseguir adorando, copiando e rebaixando certos valores estéticos que foram os máximos de seu tempo, embora agora deixem de ser o que foram, para significar, simplesmente, marcos das etapas de florescência perpétua do espírito e do sentimento humanos.

A arte como síntese de cultura

Com efeito, quando se estuda a História das Civilizações, vê-se, perfeitamente, que a arte nunca foi uma isolada manifestação pessoal; atrás de um quadro, de uma escultura, de um monumento, de uma casa, e até de um tecido de certas épocas culminantes de todas as civilizações passadas, a gente ainda pode perceber, como num livro que não mente, a esplêndida realidade cultural que agia sobre o espírito do artista, fazendo que ele pintasse, esculpisse, construísse, e tecesse daquela forma exata, aproveitando-se da técnica que o progresso geral do seu tempo lhe proporcionava e revelando, sozinho, a medida das conquistas que o espírito coletivo ia paulatinamente realizando. Há quadros, esculturas, palácios, tapetes, túmulos, objetos domésticos, cerâmicas e esmaltes que hoje facilmente se identificam como sendo de determinado tempo, apenas em virtude de seguirem os artistas do passado a marcha de sua época. Se eles não procedessem dessa forma; se eles fossem como os passadistas de hoje, que se esquecem de que estão vivendo no século XX para viverem copiando maravilhas não "copiadas" e sim "sentidas" nos séculos XVIII e XIX; se eles, vivendo em dias históricos propriamente "seus", repetissem as obras que gerações anteriores lhes legaram, não haveria agora a possibilidade de identificar os seus trabalhos.

Essa possibilidade de identificação pode não convir aos passadistas de hoje; mas é uma prova histórica, palpável, quase chã, e, portanto, irrefutável – ainda que outras não houvesse – de que nenhuma das épocas do passado procurou copiar outra época antecedente. É preciso, contudo, salientar dois grandes fenômenos históricos, de significação transcendental; a Grécia, no seu período áureo, não só deixou de tentar copiar os trabalhos artísticos que outras civilizações legaram ao patrimônio comum da História da Humanidade, como até ignorou – como o assevera Spengler e como o provam os próprios pergaminhos escritos pelos historiadores gregos – que, antes da sua, tinham existido outras civilizações, outras culturas, outras concepções do mundo, da arte, da vida e dos deuses. E quando, na Itália e na Dinamarca, surgindo Canova e Thorwaldsen, apareceu aquilo que os historiadores da arte classificam de "neoclassicismo", coisa que se resumia na imitação fiel da orientação original grega, o que resultou foi uma infinidade de trabalhos inexpressivos, frios, sem transcendência, sem seqüência histórica sem razão de ser e até sem outra significação além da imitativa.

Apesar disso, tanto a arte grega como a arte neoclássica correspondem à cultura do tempo em que floriram; o cinqüentenário que vai do último quarto do século XVIII ao primeiro quarto do XIX apresenta-nos uma cultura geral pouco sólida,

Ilustrações originais do artigo.

formalística e quase sem conteúdo, o que justifica o surto de uma arte de beleza apenas formal, não tendo nenhum sopro de paixão veemente a animá-la. Na Grécia Magna, ao contrário, que se formou, se completou, se definiu e desapareceu numa época de cultura iluminada, de uma cultura profunda, honesta e simples, límpida como um dia de primavera, a arte era um conjunto de forma e de conteúdo altamente expressivos: a escultura de Fídias, a filosofia de Sócrates, a pintura de Apeles, a poesia de Píndaro, a concepção do Partenon e a religião dos deuses olímpicos, antropomorfos, são coisas que se completam numa cadeia maravilhosa, revelando-nos a unidade de diretriz entre a arte e a cultura daquele tempo, arte e cultura que, ainda hoje, causam admiração e espanto, pela enormidade do seu alcance e pela imortalidade de seus resultados.

Também a arte da Renascença, não é um caso isolado, sendo, como é, resultante da cultura humanista; a da Idade Média, bem nos diz a que altura estava a mentalidade daquele tempo; através de Dante, podemos contemplar o inteiro panorama do "seu mundo", com a sua cosmogonia, a sua filosofia, o seu estado político, o seu esoterismo religioso e a sua luta de castas; o romantismo de Delacroix também surgiu, simultaneamente, com um conjunto de manifestações artísticas, culturais e educacionais que só podiam dar motivo a semelhante pintura; o próprio pré-rafaelismo, essa arte maravilhosamente cândida, pura, realista até quase a santidade, que morreu por esgotamento dos motivos pictóricos possíveis de serem gerados pela tendência que Ruskin iniciou, num apostolado generoso de beleza, digno de melhor destino, também não apareceu desacompanhada: havia atrás dela uma estética de Oxford, uma reminiscência dos pensamentos quatrocentistas, então dominantes, por um período aliás brevíssimo, e uma grande ânsia civilizadora que, embora negativa, foi o estágio necessário para o surto culminante do século XX, século em que já não se trata de cultura, e sim de civilização propriamente dita.

Exemplos como esses não faltam. É só folhear uma história da arte, confrontar, raciocinar um pouco. Também não é desejo de sermos eruditos. O que vai mais acima são conhecimentos comuns, que todo o artista medianamente culto possui e deve possuir. Fatos históricos que marcam grandes linhas gerais da evolução do pensamento humano – eles pertencem a todos os que sabem ler, visto que a cultura já não é privilégio senão dos que querem aprender, e que o analfabetismo já abandonou a área de todas as cidades. Citando tais fatos, poderíamos continuar até o infinito. Mas não se faz necessário tamanho esforço; o que dissemos é bastante para evidenciar aos olhos de todas as pessoas de boa fé que, em nenhuma época, a arte andou desirmanada das outras manifestações do espírito humano. Ela foi, sempre, a síntese, a revelação do progresso coletivo, seja em relação à técnica, seja em relação ao próprio saber filosófico.

O novo século precisa de uma arte nova

Somente no nosso tempo, somente no século XX, que é o século dos grandes ímpetos conquistadores da ciência e da técnica, é que uma legião de adoradores passivos do mundo que se foi quer que a arte de hoje esteja separada de tudo quanto define a mentalidade do tempo novo. Agora que Spengler, Einstein e Wahinber, aliados a Erobenius, a Keyserling, a Croce e a Elva fizeram a formidável avançada do relativismo fecundíssimo contra a esterilidade dos enciclopedistas; agora que a teoria de Freud, embora exagerada, veio trazer um novo elemento para o estudo da formação da consciência estética; agora, enfim, que os técnicos dão o dirigível e o aeroplano, e a ciência dá o rádio – que razão haverá para que a arte ou, principalmente, a arquitetura fique marcando passo no estilo de Luís XVI, em vez de se ligar a todas as outras modalidades de expressão do nosso tempo, a fim de completar o ciclo, atingindo, também ela, o século XX?

É a própria História, a História a que se apegam os tradicionalistas, o indicador imparcial que nos mostra que é um erro marchar para o passado. No passado não há arte: "houve" uma arte. A arte do presente e a do futuro estão para serem feitas. E é nesse sentido que nós, os que se desgarraram da tradição, trabalhamos, certos de que um dia o nosso grande esforço será reconhecido.

Quando atingirmos, porém, o nosso objetivo, quando tivermos conseguido colocar a arte à altura da cultura do nosso século, então será tempo para que as gerações vindouras ensaiem novos passos, no sentido de conquistar outra etapa artística, se é que hão de querer firmar a sua personalidade ao cenário universal.

[*Correio Paulistano*, São Paulo, 21 out. 1928]

VII

O QUE FOI A EXPOSIÇÃO DE STUTTGART

Ponto-de-vista prático

Aos leitores do *Correio Paulistano*, que acompanharam as nossas publicações relativas ao fenômeno que resultou no surto da moderna concepção da arte, creio que não desagradará o fato de, hoje, terem de ler algo de mais prático e positivo. Queremos fazer uma ligeira referência a certas realidades palpáveis, possíveis de serem constatadas e provadas a todo instante, porque cremos que já proporcionamos, aos que nos seguiram até aqui, uma soma suficiente de argumentos puramente espirituais.

Faltam os argumentos práticos, os de ordem quase material, que deixamos justamente para agora, a fim de corroborarem os anteriores, pois já é tempo de se falar nas realizações dos artistas modernos.

São realizações que, sem dúvida alguma, procedem de uma elaboração mental a que só a nossa época poderia dar origem. Por elas se verá que não é muito justa a acusação que os passadistas movem contra os futuristas, asseverando que, em matéria de arte moderna, apenas surgiram teorias, tendo ficado, segundo o critério aliás pouco verdadeiro dos adoradores do passado, para as calendas gregas as obras concretizadoras dos seus princípios.

É isto que pretendemos demonstrar hoje. Porque, se é verdade que na América do Sul, infelizmente para todos, a arte moderna, e principalmente a arquitetura, foi muito pouco além dos meros princípios, dos vagos ensaios literários de alguns espíritos audaciosos, também é verdade que, em diversos países europeus – na Dinamarca, na Rússia e na Alemanha, e mesmo nos Estados Unidos da América do Norte –, os artistas modernos não ficaram no enunciado dos princípios, mas foram até a realização verdadeiramente impressionante de obras dignas de todos os elogios.

A obra dos modernistas

Deixemos de parte, por ora, a Rússia, onde a arte moderna é a arte do Estado; no país das estepes, ser moderno é um dever de civilidade. Na Alemanha, entretanto, onde o Estado ainda não chegou ao extremo de ditar atitudes e virtudes estéticas ao povo, gozando os artistas de invejável liberdade – pois ali vivem muito bem futuristas e passadistas, impressionistas e realistas –, o desenvolvimento das teorias modernas tiveram o decidido apoio do elemento oficial, de maneira que os arquitetos de vanguarda não se viram coibidos de construir edifícios segundo o seu pensamento evoluído. O apoio oficial das pessoas que ocupavam e ainda ocupam cargos políticos de alta responsabilidade administrativa foi, sem dúvida, valioso, principalmente por corresponder a um movimento de idéias que não deixou impassível o sentimento das massas populares.

Dessa forma, tendo a oportunidade de realizarem suas obras de arte, os arquitetos modernistas provaram, com fatos, que as teorias que eles pregavam e que continuam a pregar, cada vez com mais convicção e com mais ardor, não eram monstruosas como, a princípio, os passadistas exaltados procuraram fazer crer.

O que houve em Stuttgart

Uma esplêndida oportunidade lhes foi dada pela municipalidade de Stuttgart, municipalidade que, desejando, em boa hora, organizar uma exposição de arquitetura, convidou para tomar parte no grande certame um grupo de artistas alemães modernistas, denominado [Der] Ring.

Do seio desse grupo foram escolhidos dezessete autores, dos quais doze alemães e cinco de outras nacionalidades. Tais arquitetos foram incumbidos de construir, no curto espaço de seis meses, sessenta casas para morada, tendo sido dada a eles a mais ampla liberdade de ação.

Puderam, pois, talvez pela primeira vez, planejar e erigir casas pelos processos mais adiantados que imaginavam, no estilo que melhor lhes parecesse, usando os materiais que jul-

ARCHITECTURA DO SECULO XX

ARCH. PROF. GREGORI WARCHAVCHIK.

VII

O QUE FOI A EXPOSIÇÃO DE STUTTGART

A COLONIA „WEISSENHOF" PERTO DE STUTTGART (ALLEMANHA)

Ilustração original do artigo.

gassem mais adequados. As aludidas sessenta casas iriam fazer parte da exposição projetada, exposição essa que se compunha, além disso, de uma seção de fotografias e de maquetes arquiteturais, e de uma grande feira de todos os materiais e objetos cuja função se relacionava com a construção e com o arranjo de uma residência.

O terreno concedido para as referidas construções se situava numa colina nos arredores de Stuttgart, de onde se descortinava um panorama magnífico.

Por essa largueza de vistas, por essa atitude de confiante expectativa, mantida pela municipalidade de Stuttgart, em relação aos artistas modernos, mereceu ela, e ainda hoje merece, de todos os que sabem o que significa a criação ou a procura de um estilo novo em arquitetura, os mais rasgados elogios, tanto da parte dos vanguardistas como também da parte de todos os espíritos cultos. O que aquela municipalidade fez, desassombradamente, deveria ser seguido por outras, de todas as partes do mundo, pois há nisso não só uma bela lição de tolerância, mas até um espírito notável de equidade.

O bairro de Weissenhof

Construído pelos modernos, o bairro de Weissenhof, em Stuttgart, hoje representa uma verdadeira etapa da arquitetura da vanguarda. O arquiteto Mies van der Rohe desenhou a planta geral com um grande sentimento de ordem e com uma clareza de motivação arquitetônica que impressionaram vivamente o espírito dos críticos que se encarregaram de falar do projeto, pois a grande concepção dava uma sensação de conforto, de ordem, de higiene, de beleza enfim, até então desconhecida.

Aquele majestoso grupo de casas apresentava, porém, como era inevitável, alguns defeitos. E a crítica serena, a própria crítica futurista, foi unânime em condenar certas coisas que, como experiência que eram, não podiam concretizar e determinar a linha de conduta definitiva. Mas o que havia de fundamental, de característico, de puramente essencial em tudo aquilo, e que não era pouco, foi reconhecido e elogiado por todos. Não era possível negar uma obra que encerra tantas promessas.

Para provar que aquele bairro moderno não foi um fiasco, como já se procurou fazer crer, mesmo nesta capital, basta citar o fato de que, postas à venda em julho, as casas já em outubro estavam todas adquiridas por pessoas de todas as classes sociais, sendo que, para uma delas, houve 32 pretendentes.

Para informar o público paulista a respeito desse certame, é-nos grato transcrever, para estas colunas, alguns trechos de artigos aparecidos na imprensa alemã e francesa.

Opiniões da imprensa européia em relação ao bairro de Weissenhof

O *Frankfurter Zeitung*, jornal considerado como sendo o mais sério da Alemanha, que é lido principalmente pelas classes cultas e pelas classes abastadas, e que é famoso pela sua seção permanente de crítica de arte, disse:

> Era preciso criar, por meio de uma técnica nova, o tipo das moradias destinadas às pessoas que estão trabalhando em grandes empresas nacionalizadas e que se utilizam de automóveis e aeroplanos, fazem esporte no Estádio e que vivem em aglomerações. A nova moradia tem que estar de acordo com a noção de espaço, noção completamente transformada destas pessoas.

O *Vossische Zeitung*, órgão dos professores e das classes acadêmicas, escreveu:

> Notamos, nessas casas modernas, traços de parentesco, indicando-nos, todas, o mesmo caminho a seguir. Não vemos mais, aqui, a ostentação de diversas salas de recepção. Ao contrário, bastanos, geralmente, uma sala de dimensões amplas, dividida em um compartimento para morar e outro para tomar as refeições, comunicando-se por meio de portas corrediças. Para o resto, bastam quartos pequenos, muito pouca mobília, armários embutidos nas paredes. Não há lugar para inutilidades. Naturalmente, notamos alguns exageros. Mas exageros destes são mesmos necessários para abrir o caminho a novas idéias que se devem realizar. Sem estes exageros, a humanidade, talvez, nem prestaria atenção.

Der Tag inseriu o seguinte em suas colunas:

> O bairro de Weissenhof é uma experiência interessantíssima que nos demonstra o novo desenvolvimento de estilo moderno também na arquitetura. Vêmo-lo e sentimo-lo por toda a parte. Ainda não foi conseguido o fim almejado; notamos a luta espiritual

para a procura de um novo conteúdo de vida e para a solução de problemas delicadíssimos. Diversas coisas foram erradas, e como erradas foram reconhecidas, e não serão, com certeza, repetidas. Entretanto, é com isto que aprendemos. É isto o que dá valor a Weissenhof, que nos revela muitos caminhos novos.

O *Deutsche Allgemeine Zeitung* assegurou:

> Ainda será muito discutida e falada esta realização do bairro residencial, mas um resultado podemos profetizar desde já: Quem, no futuro, quiser colaborar na solução do problema da casa de moradia, tem que contar com este bairro de Weissenhof. Isto já constitui uma razão de sucesso indiscutível.

Os *Cahiers d'Art*, de Paris, ocupando-se também com aquela experiência, sentenciaram:

> A exposição de Stuttgart marca uma data na história da arquitetura moderna: é o primeiro encontro de diversos espíritos europeus para a formação de uma nova estética, cada um colaborando com as mais importantes de suas pesquisas e submetendo-as ao estudo dos seus colegas. Qual será o país que tentará realizar outra vez uma experiência deste gênero e deste alcance?

Do *Deutsche Kunst und Innendecoration* extraímos este trecho:

> Naturalmente, não vemos somente soluções perfeitas, idéias inteiramente realizadas. Ninguém poderá exigir isto. Se tivés-

> semos conseguido a última perfeição em matéria de moradia, esta exposição não teria sido necessária. O sucesso da experiência, entretanto, nos parece assegurado. Com a construção desse bairro de Weissenhof, adiantamo-nos consideravelmente no sentido de resolver o problema tão importante da moradia moderna. Um sucesso de grande alcance.

A *Architecture Vivante*, de Paris, pronunciou-se da seguinte forma:

> A exposição de Stuttgart colocou-se, efetivamente, na vida ativa. Reconhecemos a sua importância pelo fato de a arquitetura moderna ter se emancipado do laboratório de vanguarda, para colocar-se, resolutamente, no seio das grandes massas. Os resultados da exposição podem ser resumidos nisto: a arquitetura moderna se tornou um movimento que já não poderá mais ser interrompido. É o que a exposição provou. Cada cidade deve possuir seu próprio campo de experiências, suas casas de experiência, seus laboratórios. Somente nestas condições chegaremos à arquitetura moderna. Todas as portas estão abertas. Mas ainda resta alguma coisa a fazer!

À vista dessas opiniões insuspeitas, já não é possível continuar a crer que a experiência de Stuttgart resultou em fracasso.

No próximo artigo, procuraremos dar, aos leitores do *Correio Paulistano*, uma análise breve das características que concretizavam aquela experiência salutar.

[*Correio Paulistano*, São Paulo, 4 nov. 1928]

VIII

CARACTERÍSTICAS DA CONSTRUÇÃO MODERNA

Ainda a exposição de Stuttgart

No último artigo por nós publicado, tratamos – com a brevidade que nos permite o espaço de que dispomos – das construções erigidas em Stuttgart por arquitetos que se desvencilharam da tradição. E, para mostrar que esse certame arquitetônico não constituiu um fracasso, acrescentamos, às nossas palavras, trechos de artigos que sintetizaram a opinião da imprensa européia e que foram escritos e divulgados nos dias da famosa exposição. Pensamos que, assim, tenha ficado perfeitamente estabelecido que a referida exposição de arquitetura não só conseguiu um êxito sem precedentes, como também repercutiu para além das fronteiras da Alemanha, indo ecoar da maneira mais favorável nos ambientes artísticos e oficiais de outros países onde o estado atual da cultura e civilização atinge um grau que honra deveras o nosso século.

Por esse motivo, passaremos a falar, hoje, dos resultados práticos e das benéficas conseqüências decorrentes do certame de Stuttgart, isto é, da primeira exposição real de arquitetura que jamais se levou a efeito no mundo.

No campo artístico, aquele fato teve, para todos quantos sabem reconhecer o valor justo das grandes iniciativas humanas, um significado de inovação idêntico ao que teve o surto do automóvel, no campo industrial; com efeito, a casa moderna, que surgiu a público, pela primeira vez, numa competição oficial, representava, em relação à moradia, o mesmo sentido que, pouco tempo antes, o automóvel representara em relação aos métodos de comunicação e transporte. O veículo a motor de explosão anunciou, abriu e consolidou uma época de avanço civilizador, no intuito de vencer o tempo e o espaço, em substituição à diligência, para qual a distância era sempre demasiada e o tempo era sempre insuficiente. A casa de Stuttgart, dentro da sua utilidade, também anunciou, abriu e consolidou, pelo menos nos países mais adiantados da Europa, uma época de evolução residencial, apresentando um tipo de moradia econômico, higiênico e acolhedor, em substituição aos velhos sistemas de casas que sofriam míngua de sol e que, em tempos invernosos, pouca coisa apresentavam de confortável e salubre.

De mais a mais, o certame de Stuttgart definiu, para sempre, um elevado grau de colaboração permanente e equilibrada entre os industriais e os arquitetos da atualidade.

As inovações típicas de Stuttgart

Em que consistem, em concreto, as inovações praticadas na bela cidade alemã? É o que veremos nas linhas que se seguem.

A primeira coisa que o espectador inteligente pode notar é a falta do clássico telhado, dessa espécie de chapéu enorme, vermelho, em forma piramidal, a cobrir as paredes das casas da maneira menos estética e menos lógica possível.

Todos os edifícios do bairro de Weissenhof, planejados por Van der Rohe, apresentam cobertura plana ou terraços praticáveis, em substituição do telhado comum, eliminando, portanto, a complicada e dispendiosa armadura de madeira que os telhados requerem. É verdade, entretanto, que até agora, os telhados de água furtada eram uma necessidade, porque se desconhecia um método eficiente de impermeabilização, tanto em relação à umidade como e principalmente em relação ao frio e ao calor. As lajes comuns, construídas para as superfícies planas, até há bem pouco tempo, eram ótimas absorventes de calor, o que impossibilitava a sua utilização na cobertura de prédios residenciais.

Mas, nos nossos dias, o problema muda de aspecto devido aos novos recursos proporcionados aos arquitetos, a fim de enfrentarem, com êxito, os rigores da temperatura atmosférica.

Le Corbusier, para suas casas de Stuttgart, fez uma cobertura de tijolos de cimento, furado, de encaixe (especialmente elaborados), impermeabilizando-os com várias camadas de material adequado a esse fim, também criado por ele; depois, sobre tais coberturas, construiu os jardins. A experiência deu ótimos resultados, e as casas por ele erigidas conservam uma temperatura agradável e um estado geral de higiene e salubridade verdadeiramente surpreendente. Outros arquitetos que tomaram parte no grande certame de Stuttgart praticaram o isolamento contra a umidade, contra o calor e contra os rumores procedentes do exterior.

Por essa forma, ficou eliminada a necessidade de se construírem paredes de considerável espessura. Os muros podem ser de espessura de uma membrana sem que, por isso, se ouçam rumores ou se sinta frio ou calor, graças a tais métodos de isolamento, que também não são dispendiosos.

As casas de Stuttgart, em sua maioria, foram feitas com blocos de cimento de grandes dimensões, e isto, como é lógico, facilitou enormemente o trabalho de construção – (seria mais legítimo dizer "de montagem") – das referidas casas.

O edifício de Gropius foi erigido pelo processo de montagem a seco. Tal processo de construção foi muito apreciado em Stuttgart em razão da economia que representa e da praticabilidade de que se reveste.

As dependências e o seu sentido prático

Tudo – desde os particulares mais insignificantes, até às grandes linhas de conjunto, das casas de Weissenhof – foi criado com o intuito de permitir ampla expansão da vida vivida pelo homem moderno. As divisões dos compartimentos internos não obedecem ao sistema antigo que determinava um aposento para uma certa função da vida. São feitas de maneira que a família residente possa transformar dois aposentos virtualmente separados em uma grande sala de jantar, ampla, arejada e prática sob todos os pontos de vista. Em caso de festas, toda a casa pode ser, por esse novo processo de edificação, transformada numa sala imensa. É indiscutível o ótimo resultado prático que daí pode advir.

Ainda as idéias de Le Corbusier

As grandes aberturas horizontais, como são vistas nas edificações de Le Corbusier, naquela cidade alemã, permitem que os raios de sol abranjam o maior espaço possível dos compartimentos internos, concorrendo, por essa forma, a tornar a residência mais higiênica, sem dar trabalho algum à família que nela reside, pois são conhecidas as influências salutares que o sol exerce sobre o organismo humano. Essas mesmas influências justificam e dão grande valor à existência das grandes janelas que Le Corbusier ideou para os seus prédios. Estes prédios foram ridicularizados por mais de um crítico, mesmo fora dos ambientes europeus, pelo fato de serem erigidos sobre colunas. Mas quem assim tentou destruir as criações de Le Corbusier não compreendeu a intenção do artista, que foi a de aproveitar o terreno do melhor modo, construindo jardins nos declives. É preciso também não esquecer que, até certo ponto, o método de construção sobre colunas tem grande importância para os países europeus, onde os terrenos são escassos, não abundam como na América, e onde as populações apresentam uma densidade cada vez mais alarmante. As áreas destinadas a

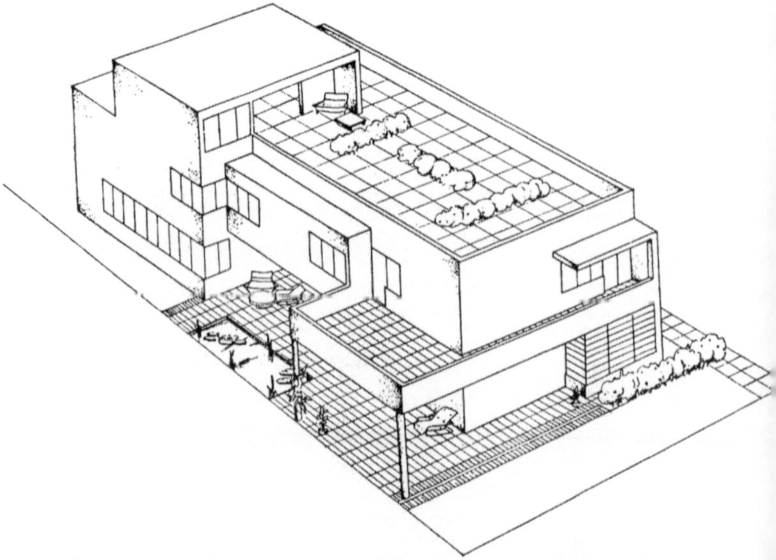

Gregori Warchavchik e Lucio Costa, residência Alfredo Schwartz, Rio de Janeiro, 1932, perspectiva.

cada casa são, em geral, muito limitadas, de maneira que não há outra possibilidade de construir jardim, sem se prejudicar a comodidade oferecida pela habitação. Por essa mesma razão, os arquitetos modernos resolveram colocar os jardins nas coberturas das casas, invertendo a ordem estabelecida por Le Corbusier, mas confirmando o princípio do aproveitamento do espaço com inteligência e sentido prático.

A cooperação industrial

Até pouco tempo atrás, a indústria de ferragens, madeiras, de todo o material de construção, enfim, se desenvolvia arbitrariamente, num sentido quase oposto às necessidades reais da arquitetura. Assim, o arquiteto se via na impossibilidade de realizar, em seus prédios, as suas idéias inovadoras, devido ao custo excessivo das peças elaboradas pela indústria sob encomenda isolada.

A exposição de Stuttgart, também sob este ponto de vista, trouxe resultados benéficos, porquanto abriu a oportunidade de se estandardizarem novos tipos de material de acabamento, como sejam: ferragens, tintas, aparelhos sanitários, material elétrico, etc., tudo obedecendo a um princípio de estética que se enquadra perfeitamente na concepção do belo no nosso tempo.

Na Europa, hoje, é facilmente encontrável todo o material necessário à construção de uma casa moderna. No Brasil, ainda não vingou a mesma idéia de se fazerem estandardizar aqueles materiais segundo um pensamento artístico atual.

Mas não resta dúvida que, dada a voga cada vez mais acentuada das casas de tipo modernista, também neste imenso país há de aparecer – e não tardará muito – a indústria destinada a fornecer produtos às construções modernas. Quando isto se verificar, as residências de arquitetura avançada serão as de preço mais módico possível e estará amplamente aberto o campo para as construções que sabem que o passado possui obras maravilhosas, mas que também não ignoram que o futuro depende de nós.

[*Correio Paulistano*, São Paulo, 21 nov. 1928]

IX

ARRANHA-CÉUS

A psicologia do arranha-céu

Tendo já falado sobre diversos temas de arquitetura, chegou o momento de se tratar de uma das interrogativas mais inquietantes, dentre as que podem se opor contra a atividade profícua dos arquitetos que abandonaram a tradição e enveredaram por sendas novas da arte a fim de encontrar processos simples e expressões inéditas. Tal interrogativa se relaciona com a utilidade, e, ao mesmo tempo, com a psicologia do arranha-céu.

Precisamente por ser o que é, o arranha-céu vem preocupando, muito mais seriamente do que se poderia pensar, os espíritos que ainda marcam passo ao ritmo lento e monótono de um pensamento estético que já não existe senão por um estranho fenômeno, que ousaríamos chamar de "mumificação morfológica da arte".

É verdade que nenhum artista moderno, como também nenhum sociólogo ou pensador mais ou menos emancipado das normas desesperadoramente acadêmicas, olha com indiferença para essa espécie de edifícios que são os verdadeiros monumentos da idade atual. Entretanto, há uma grande diferença, e, mais do que uma diferença, uma bem definida oposição diametral entre os pontos de vista dos passadistas e dos vanguardistas, a respeito do arranha-céu. E como ainda é verdade que os extremos se tocam, tanto uns como outros, embora partindo de premissas polarmente diversas, não fazem mais, nos dias de hoje, do que discutir sobre esses grandes símbolos de aço e de cimento que todas as cidades civilizadas começaram a ostentar com orgulho perfeitamente justificado. Assim, transformado em alvo inocente, em ponto de convergência de atenção, em ponto de incidência de duas forças espirituais radicalmente diversas entre si, o arranha-céu, embora vitorioso na realidade prática da vida civilizada, continua sendo hora enaltecido, ora vilipendiado, e a sua razão de ser começa a aparecer, aos olhares dos não técnicos, mal explicada em sentido geral.

Não é nosso intuito levar a efeito a grande obra de elucidação definitiva dos espíritos com respeito a tal problema. Queremos apenas, nestas breves notas periódicas que o *Correio Paulistano* gentilmente acolhe em suas colunas, contribuir no sentido de formar um conceito, segundo o qual, mais do que o mero capricho de um milionário, e mais ainda do que o vago anseio de um artista, que sinta, de fato, a nossa época, o arranha-céu é a resultante magnífica da marcha da civilização.

Quando se estuda o trajeto ideológico seguido por qualquer das civilizações passadas, há uma coisa, que, desde logo, fere a atenção da pessoa culta: é o sentido do gigantesco que as caracteriza. No Egito antigo, onde houve uma civilização portentosa, profundamente personalizada por características desconhecidas até então e nunca mais revividas depois do seu declínio, o povo, no apogeu da glória, da cultura e da riqueza que aqueles tempos comportavam, construiu templos e pirâmides que, pelas suas proporções, pela sua solidez, pela riqueza de seu material e pela expressão de sentimento que concretiza, ainda causam espanto às gerações atuais. E o que se deu com a civilização egípcia, deu-se, matematicamente, com outras civilizações, sejam anteriores, sejam posteriores a essa que floriu às margens lendárias do rio Nilo. Muito embora os caracteres fundamentais de uma civilização difiram profundamente dos caracteres de outra, ninguém ousará negar que o seu ritmo, talvez marcado por um determinismo imperioso e trágico, é sempre o mesmo. Partindo de um núcleo único, constituído pela alma humana e pelas suas solicitações em relação à realidade exterior, as civilizações todas irradiaram seguindo o mesmo calvário lógico e claramente definido. O que diferiu, o que difere nelas, é o rumo que tomaram.

Assim, vemos que, depois de originada por misteriosas coordenadas históricas, uma civilização representa apenas o esforço do homem, no sentido da perfeição espiritual e material.

Quando esse esforço atinge o seu apogeu, declara-se a decadência, o fracasso.

Há uma fatalidade que faz que uma nova civilização não surja nunca no mesmo território em que outra já se tenha desenvolvido e fracassado. Mas, não obstante essa deslocação geográfica do ponto de concentração do esforço humano, há uma espécie de relação negativa, entre uma civilização que se forma e outra que agoniza. Desse modo, o rumo seguido pela civilização em decadência é abandonado pela que se vai formando. Esta última sempre procura atingir um grau de bem-estar geral, evitando, por todos os meios, enveredar pelo mesmo conceito da vida e do universo, da arte e da cultura, revelado pela civilização anterior. E, como o bem-estar não é problema que se resolva pelos homens, sucede que todas as civilizações, inclusive a nossa, cometem os mesmos erros, marchando por estradas diferentes.

Assim prossegue a humanidade em sua tormentosa trajetória, sempre aspirando, sempre construindo, sempre desejando, sempre errando e sempre fazendo desses erros maravilhosos a única beleza real desta terra. Onde houve história, houve – ou há – beleza. Onde não houve história, não houve, nem há, coisa alguma. O Egito, a Grécia, a China, o México, Roma e o Peru, e tantas outras partes da Terra onde o destino centralizou, por algum tempo, o esforço civilizador da humanidade, dizem coisas positivas a este respeito, e não é necessário que nós, neste pequeno espaço de um rodapé, tracemos um quadro amplo, para justificar e provar o que estamos dizendo.

Por uma lei que poucos historiadores conseguiram entrever, na formação do espírito característico de cada uma das civilizações, as grandes obras da arquitetura se afirmam, indomavelmente, nos períodos culminantes, isto é, nos anos em que se revelam os resultados máximos da cultura anterior de um povo. Seria demasiada audácia, neste artigo, tentar explicar as misteriosas complicações materiais e espirituais que conduzem os povos a essa eclosão maravilhosa. Para o nosso fim, basta-nos a verificação do fenômeno como dado positivo. Os períodos que precedem, imediatamente, a eclosão do signo civilizador, são períodos de cultura pura. Neles, em geral se desenvolvem aptidões morais e intelectuais, dando, em resultado, a formação do espírito que deve informar o caráter da civilização posterior. Quando a cultura pura campeia, os valores poéticos, científicos e éticos se revelam prodigiosamente, até que a esfera das atividades sentimentais, matemáticas e normativas fique completamente saturada. É depois dessa saturação que, como a um derivativo natural e insubstituível, o homem recorre à ação prática, à técnica, à materialização objetiva de ideais e de ideologias que foram , no período da cultura pura, alvo de considerações profundas, mas declaradamente abstratas. Entra-se, então, no período claro da civilização, período que se caracteriza, no perene fluir dos séculos, pela conjugação harmoniosa das atividades do cérebro e do braço; a ação é a conseqüência do pensamento, resultando, daí, aquilo que Spengler e outros pensadores denominam: a conclusão do ciclo de civilização. Devido a essa lei imponderável, mas efetiva, é que as grandes obras, concebidas apenas em abstrato, nos períodos de cultura, se concretizam em realidade objetiva quando se iniciam os períodos de civilização.

A arquitetura que é uma arte, é, inicialmente, sonho, poesia, abstração como todas as artes. Mais do que as outras artes, porém, depende da técnica, que é ditada pelos recursos exteriores, e que obedece, quase invariavelmente, à adaptabilidade dos materiais que mais abundam na região em que se constrói.

Daí se conclui que a arquitetura, como arte e como realização prática, só se define, só toma características grandiosas e próprias, nos períodos de civilização, pois, antes desses períodos, a técnica não proporciona meios para a transformação do sonho e do pensamento, em obra concreta e real.

Do exame comparativo de todas as civilizações, o que resulta é o seguinte: por uma ou por outra razão determinante, a arte última das civilizações todas se caracterizou pela tendência de atingir proporções grandiosas em suas obras. Em arquitetura, principalmente, essa tendência se nota de maneira impressionante, desde as pirâmides do Egito até os templos da Grécia, desde os circos de Roma Imperial aos palácios de Florença e de Milão; desde o Vaticano a São Pedro, desde o Palácio Pitti a Santa Maria del Fiore; desde as muralhas da arquitetura militar da China até as palestras vastíssimas e aos altares nefandos do antigo México; desde a arrojada tentativa dos babilônios até as estradas monolíticas do Peru.

O elenco seria infinito, se quiséssemos citar tudo o que é gigantesco por fatalidade histórica, e não por mero capricho de arquitetos e de imperadores.

O arranha-céu pois, que surge nessa época de civilização, é lógico e normal. É uma necessidade psicológica implícita e irremediável dos espíritos que, consciente ou inconscientemente, sentem a influência tremenda das forças coordenadas que fazem a história da humanidade.

É uma urgência sociológica que ninguém ousará desprezar, se conhecer de perto esse encanto tormentoso que as grandes cidades exercem cada vez mais decisivamente sobre a vontade dos que vivem fora delas, determinando afluências de corrente humana para este ou aquele determinado ponto da Terra. É um ímpeto irreprimível, porque concretiza a aspiração do gigantesco que também os artistas sentem, ao contato com a vida real: com a grande vida que se vive sob a tragédia inenarrável das oscilações da bolsa e do funcionamento dos altos fornos; e que afasta sempre mais os homens da natureza. É também uma imposição da história, pois o período que atravessamos já não é propriamente de cultura, e sim de civilização fortemente caracterizada.

Para quem tem a sensibilidade estética atrofiada por ensinamentos empoeirados, a convicção de que o arranha-céu é um símbolo só poderá vir do raciocínio. Mas para quem é sensível ao "clima da época", essa convicção já não admite debates de qualquer espécie. Para uns e para outros, entretanto, a história tem de ser feita.

Como se vê, as razões que aduzimos a favor do arranha-céu e, por isso mesmo, da arte deste século, não são arbitrárias: muito ao contrário, fundam-se nas grandes verdades históricas, nas grandes lições que o passado ainda pode dar. E se continuarmos por essa forma a argumentar como temos feito até aqui, ninguém mais dirá, em sã consciência, que os passadistas respeitam o passado. Dir-se-á, provavelmente, que os passadistas não sabem bem o que desejam fazer...

Eles pensam que estão com o passado; mas a verdade é que o passado, apesar de seus protestos, está contra eles.

[*Correio Paulistano*, São Paulo, 2 dez. 1928]

X

ARRANHA-CÉUS

Antes de entrar na explanação do tema que motiva o presente artigo, complemento do que foi publicado anteriormente, julgamo-nos no dever de dar uma explicação ao público que nos lê.

Não deixa de ser curioso o fato – que nos causou certa estupefação – de ter aparecido neste mesmo lugar um rodapé cujo tema era a arquitetura, mas cujo motivo principal era tentar rebater as nossas asserções favoráveis ao surto da arte moderna.[1] É bem possível que o autor do referido rodapé tenha acompanhado, como afirma, a nossa série de artigos, na ingênua convicção de que estávamos respondendo a outros trabalhos seus.

Entretanto, não é isso que se dá. Ao traçar o plano dos nossos breves estudos, nenhum pensamento tivemos, nem temos neste momento, de entabular polêmica com quem quer que seja, e muito menos com um profissional cujas convicções estéticas respeitamos, embora o nosso ponto de vista seja diametralmente oposto ao seu.

O nosso intento, ao iniciar a série de artigos sobre arquitetura do século XX, é bem diverso daquele que nos foi atribuído pelo autor aludido. Escrevemos por uma missão de cultura, e não por uma veleidade combativa. O nosso propósito, em verdade, é contribuir, com o que está ao nosso alcance, para a formação da opinião pública, para estimular e esclarecer a consciência estética coletiva, a fim de levantá-la à altura da nossa época.

Se alguma coisa combatemos, essa "alguma coisa" não era, por certo, o autor do artigo que tentou revidar os nossos conceitos.

O que combatemos é a inércia espiritual, unicamente.

Procurando trabalhar pelo progresso arquitetônico do Brasil, falharíamos lamentavelmente se nos preocupássemos com questões pessoais que a ninguém interessam, e que não podem nem devem ser trazidas à baila, quando se quer estudar a sério um problema tão grave e de tão profundas conseqüências como é esse, da renovação e da formação do conceito arquitetural de um povo inteiro. Também seria falta de piedade combater princípios estéticos que já estão na sua derradeira agonia.

O período árduo de combatividade da arte moderna contra as tendências passadistas já vai longe. Hoje, a missão dos que escrevem sobre arte já não é mais lutar: é convencer e instruir. É dar às massas populares a noção indispensável do belo que tem de substituir a noção antiquada, que os pseudoprofessores de beleza lhes inculcaram.

Convencidos disto, não citamos, em nenhum dos nossos artigos, o nome do autor do rodapé da quarta-feira passada. E, por um princípio de lealdade, ousaríamos pedir ao mesmo que não citasse também o nosso, sempre que tal citação pudesse ser evitada por dispensável no arrazoado de qualquer tema de índole geral, e por inútil na provocação de uma notoriedade que não estamos procurando.

De mais a mais, se esses artigos fossem escritos em defesa de um regionalismo arquitetônico lógico em sua base construtiva, e admissível em seus fundamentos sentimentais, teriam merecido a nossa atenção crítica, porque, neste caso, entraria em jogo a legitimidade das conquistas da arte regional no vasto campo da estética moderna. Se assim fosse, colheríamos a oportunidade para elucidar a finalidade de uma razão que, aparentemente, poderia estar contra o nosso ponto de vista, mas que, na realidade última dos fatos, não é mais do que a confirmação de algumas das nossas teorias.

Não é isto, porém, o que acontece. Os artigos que apareceram no *Correio Paulistano*, e que por um acaso qualquer foram alternados com os nossos em sua publicação, parecendo, assim, que se havia estabelecido uma polêmica, são uma apologia de certos estilos, cujas cópias já não merecem a atenção e o respeito, nem daqueles que fazem parte do grupo que os criou no passado. E não nos parece normal entrar a discutir no Brasil, em defesa da própria arquitetura brasileira, com um autor que, tendo estudado na Alemanha, acha elegante fazer, na região dos trópicos, no Brasil, repetições de estilos passados da França.

As forças espirituais e materiais que determinam a ereção da igreja gótica são paralelas às que atuam determinando a construção de arranha-céus

Sob o ponto de vista histórico e também encarado pelo prisma da psicologia toda especial que o determinou, o arranha-céu de hoje tem um significado, senão idêntico, pelo menos paralelo, e de valor igualmente positivo e legítimo, ao da igreja gótica, da Idade Média. Para que esse argumento convença qualquer pessoa sensata e desprovida de *parti pris*, é bastante lembrar que, para quase todos os povos da Terra, a altura foi a dimensão símbolo, quando se quis expressar magnitude, divindade, majestade e poder. Nada de mais lógico do que esse fato, segundo o qual se estabelece que o espírito que animou, e que ainda anima seitas e religiões, tende a levantar edifícios sempre mais altos. Nessas construções, tanto nas do passado como nas do presente, tudo nos revela a ânsia de subir, de subir seja por que meio for, pois ainda hoje, em plena eclosão cultural e civilizadora, o fato de subir em altura tem uma analogia misteriosa, mas real com a elevação da alma, seja em êxtase religioso, seja em atitude moral.

Na Idade Média, sem dúvida, o que predominava era o momento religioso; naqueles tempos o valor moral era, até certo ponto, confundido e envolvido no valor religioso, pois o crítico de religião, naqueles tempos, compreendia quase todos os conceitos vitais, desde o da política e da arte, até ao da ciência e da moral. Mesmo assim, entretanto, é-nos possível caracterizar e diferenciar o que era, para eles, religioso. E desta forma podemos afirmar que foi a tendência, ou melhor, a consciência religiosa que levou os homens daquelas eras remotas a elevar as suas torres a alturas estonteantes.

Cada agulha gótica é, na simbologia medieval, no esoterismo religioso que Dante cristalizou e que Huysmann esclareceu, um braço humano levantado num gesto supremo de invocação. Esta simbologia não era, porém, a razão única da elevação dos edifícios a grandes alturas. Havia outro motivo que também contribuiu, o mesmo que com toda a sua força de contingência objetiva se evidencia agora em Nova York: a falta de terreno.

As cidades da Idade Média eram todas fortalezas. A cidade daquele tempo, a cidade propriamente dita, era rodeada por muralhas e por bastiões altíssimos. Havia pouca segurança individual. As guerrilhas eram freqüentes e os barões feudais, metidos em suas armaduras de aço, tinham o hábito de atacar as cidades livres. Os agrupamentos de cidadãos livres que se viam na necessidade de defender o território em que viviam construíram muralhas e fortins, munidos de pesadas portas, as quais, ao primeiro alarme, eram fechadas para impedir a entrada dos assaltantes. Devido a isso, o espaço disponível para o alastramento da população e, portanto, das construções residenciais, comerciais, religiosas, pedagógicas, era escasso. As ruas tinham de ser, forçosamente, estreitas, e os edifícios altos.

Não podendo construir igrejas em grandes praças, que não existiam, era preciso que se encontrasse um processo qualquer que permitisse construí-las com a imponência necessária. Conjugada à escassez de espaço com a tendência espontânea de subir, surgiu o impulso místico que determinou a construção de enormes torres, rica e finamente trabalhadas, que eram visíveis de quase todos os pontos da cidade, e que dominavam, majestosamente, todos os outros edifícios. Entretanto, vistas de perto, as igrejas eram tão apertadas pelos prédios vizinhos, que era quase impossível distinguir os seus detalhes arquitetônicos.

No século XIX, depois de derrubadas todas as muralhas, e despertado o interesse pelas obras-primas do passado, aconteceu o seguinte fato interessante: querendo dar mais realce às igrejas góticas, derrubaram as casas vizinhas e as deixaram isoladas no meio de largas praças. E uma vez o trabalho feito, forçoso foi reconhecer que as igrejas tinham perdido grande parte do seu encanto. Em conseqüência disto, foram até organizados concursos para projetar novas construções vizinhas às igrejas para tornar a dar-lhes a aparência antiga e característica: a das torres emergindo por detrás dos telhados pontudos.

O arranha-céu não foi inventado pelos norte-americanos

Pensa-se, geralmente, que o arranha-céu foi criado em Chicago ou Nova York. Nenhum erro é mais ingênuo do que este. Entretanto, é essa a crença de muitos que não tiveram oportunidade de estudar as obras dos arquitetos do passado.

No século XV já havia projetos de prédios de numerosos andares como, por exemplo, os do arquiteto e escultor Filarete, que os compôs imaginando a formação de uma cidade ideal, denominada Sforzinda, em homenagem a Francesco Sforza, duque de Milão. Há também alguns desenhos de Leonardo da Vinci e de Alberti, que nos provam que também estes espíritos de escol sonharam com construções muito altas, que o ambiente e as circunstâncias especiais de sua época não permitiram que fossem levadas a efeito. Conhecemos também um desenho do arquiteto francês Perret, do século XVI. Este último projeto, muito menos fantástico do que os desenhos deixados por Filarete, apresenta em sua parte construtiva pormenores que já têm muita semelhança com as construções atuais. Parece ter sido inspirado nas pirâmides e degraus dos assírios, e ter sido feito sob encomenda de pessoa muito religiosa e dada ao estudo da astronomia, pois traz uma espécie de observatório astronômico no telhado e é ornamentado com alegorias da Lua, da Terra, do Sol e de quatro planetas, tendo, num grupo de nuvens, escrito o nome de Deus. Este projeto pode ser considerado como o verdadeiro precursor do arranha-céu moderno.

O arranha-céu na atualidade

Vemos pois, que o arranha-céu de hoje, isto é, a expressão arquitetural de uma época cujo ritmo se determina pelo conflito oriundo das forças econômicas em jogo, tem os seus predecessores nos produtos arquitetônicos que, pelo menos em parte, se originaram de imponderáveis crises espirituais. O deslocamento da razão essencial, que se fez do campo religioso, cultural, abstrato, para o campo econômico e prático, nada perdeu do seu valor. Mudou apenas de ponto de referência, continuando a ser a poderosa força motivadora de iniciativas arrojadas.

O que coube aos americanos, em conseqüência da gigantesca reserva econômico-financeira de que dispõem, foi a realização prática em larga escala, e por motivos aparentes de diversas índoles, da velha idéia, aperfeiçoada, transformada e aumentada.

O arranha-céu atual é bem o símbolo de uma época em que tudo, até a própria cultura religiosa, que é a que mais se distancia da brutalidade da vida real, gira em torno de problemas econômicos. Um arranha-céu, examinado em suas últimas razões de ser, é uma tábua de cálculos matemáticos onde cada metro quadrado representa avultada quantia de dinheiro.

O custo dos terrenos no centro das cidades de NovaYork e Chicago, por exemplo, é fabuloso, sobe aos milhares de contos de réis por metro quadrado. Isto impõe aos seus proprietários a necessidade de tirar o máximo proveito da fortuna investida em terrenos, dando ao arranha-céu o direito incontestável de existência, mesmo que as outras razões de caráter espiritual, que já mencionamos, não existissem para tanto.

Rumo à arte moderna

Defender pois a construção do arranha-céu, lá onde ele é necessário, em nosso tempo, não é nada de extraordinário. É apenas preciso conhecer bem os problemas que caracterizam a nossa idade de civilização e favorecer o curso normal da história – dessa história positiva que tem de ser feita, que tem de ser vivida – por mais que os passadistas se oponham, olhando para os destroços de culturas pretéritas como se olha, muitas vezes, para um fetiche.

Na América nova, vigorosa, lançada para o futuro, viver pela tradição dos outros é a mesma coisa que viver adorando relíquias dos amores que outros amaram. Compreende-se que se possa amar mais um sonho que uma pessoa viva; mas não se tolera que se empreste aos cadáveres um sopro vital que eles não podem ter.

[*Correio Paulistano*, São Paulo, 16 dez. 1928]

OUTROS ESCRITOS

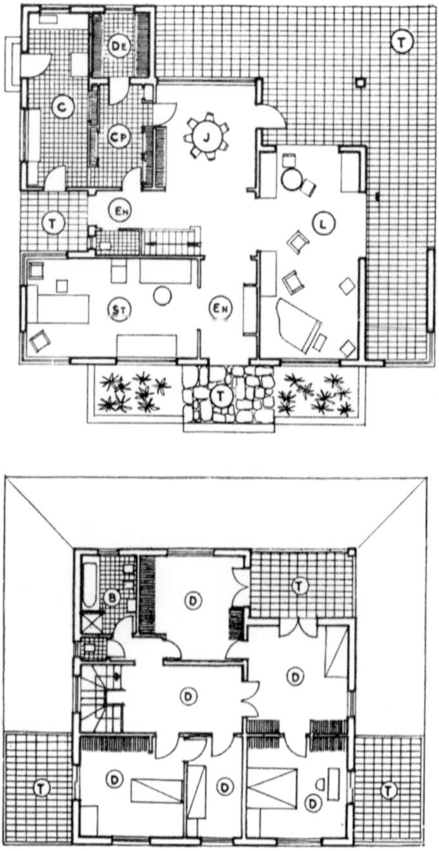

Gregori Warchavchik, casa da rua Santa Cruz, 1927-28,
planta do térreo (em cima) e do primeiro andar (embaixo).

L - *Sala de estar* En - *Entrada* St - *Escritório* J - *Sala de jantar* Cp - *Copa*
T - *Terraço* De - *Dispensa* C - *Cozinha* D - *Dormitórios* B - *Banheiro*

ARQUITETURA NOVA

Tendo publicado um artigo de caráter popular, no *Diário da Noite* de 25 de dezembro último, sob o título "Arquitetura nova", poucos dias depois fomos surpreendidos com a aparição, no *Correio Paulistano*, de um artigo do sr. Dacio de Moraes, para o qual s. s. fala do nosso título "Arquitetura nova" para criticar e desfolhar o nosso escrito. Será que s. s. é mesmo incorrigível ou será que sabe escrever somente desta maneira sobre arquitetura? Desfolhando trabalhos de outros? Por que não escreve simples e francamente sobre o pensamento como nós temos feito, lutando pela vitória de uma idéia, como nós temos lutado pelo progresso e pela vitória da arte moderna no Brasil?

Garanto a s. s. que se tivéssemos adotado o seu sistema poderíamos ter feito rir bastante à sua custa, citando algumas das suas frases mais engraçadas. Não tendo, porém, interesse para um gênero de polêmica tão mesquinho, e por desejarmos responder, uma vez por todas a s. s., que, com grande surpresa da nossa parte, no artigo que publicou sob o nosso título "Arquitetura nova", declarou arbitrariamente que fomos vencidos na polêmica, contentamos-nos com o seguinte.

Desejaríamos saber, antes de tudo, em qual polêmica perdemos terreno. Nenhuma polêmica entabulamos com quem quer que seja, e já nos parece infantilidade supor que os nossos trabalhos tenham visado alguma pessoa, quando eles visam, visaram e visarão somente os problemas. Ainda que tivesse havido polêmica entre nós e aquele que se diz o nosso antagonista, não caberia a nenhum dos contendores o juízo da vitória ou da derrota, e sim do público, porquanto só a opinião pública pode e deve julgar aquilo que é submetido ao seu critério.

Seja pelas colunas do *Diário da Noite*, seja pelos rodapés do *Correio Paulistano*, a nossa conduta tem obedecido a uma diretriz única, muito embora não tenhamos fixado de antemão um método especial. O fato de não termos adotado método algum, de termos escrito salteadamente sobre problemas econômicos, estéticos e técnicos de arquitetura, e de termos, mesmo assim, mantido uma orientação firme, só poderá provar a todas as pessoas de boa fé e de mente esclarecida, a segurança e a maturidade das nossas convicções. Não queremos porém, de forma alguma, que as nossas idéias, expostas no *Diário da Noite*, sejam alteradas arbitrariamente por interpretações pouco leais.

E por tal razão explicamos para os leitores do *Correio Paulistano*, a quem o sr. Dacio de Moraes, acérrimo defensor de uma arquitetura que nada tem a ver com este século e com a mentalidade das gerações atuais, explica, a seu modo, as nossas idéias. Isto não virá interromper a nossa série de artigos sobre a "Arquitetura do século xx", ainda não terminada.

***

É verdade que existe uma estética de máquinas modernas, tais como o automóvel, o aeroplano, etc., estética que está subordinada ao emprego utilitário dessas máquinas, sendo de notar, porém, que nunca se fizeram, nem se farão máquinas que tenham a sua estrutura modificada em obediência a qualquer lei ou princípio estético. Tudo o que é racional, na estrutura íntima da máquina, é justamente o que lhe imprime o cunho de beleza. Qualquer aperfeiçoamento técnico ou científico traz, em conseqüência, a necessidade de uma forma nova, e do critério de necessidade dessa forma, da sua utilidade intrínseca, nasce, virtualmente, um sentido estético.

É o que se pode verificar, por exemplo, com o automóvel. Os autos antigos, de vinte ou mais anos atrás, hoje nos parecem muito feios. Percebe-se neles não o aperfeiçoamento e sim apenas uma evolução indecisa do coche de séculos passados, com a parte traseira desmesurada e a dianteira miseravelmente curta. O tipo e a colocação dos motores daquele tempo não permitiam outra coisa. Mas, com o desenvolvimento da engenharia mecânica, aperfeiçoou-se o motor, determinou-se-lhe outra colocação, e, portanto, a linha geral do auto foi alongada, possibilitando a apresentação desses tipos elegantes de hoje, que são estéticos para nós.

As atuais máquinas de corrida, que são belas por sua aparência esguia, com as rodas desprovidas de pára-lamas, e com o centro de gravidade baixo, dependem de cálculos matemáticos que são feitos para garantir a estabilidade, a aderência ao solo, a diminuição da resistência do ar, etc. A preocupação dos seus fabricantes não é bem a sua estética, a sua beleza nasce espontaneamente do critério de necessidade que há, de que as tais linhas sejam como são, e não de outra forma qualquer.

Nas fábricas de automóveis, existem naturalmente desenhistas que procuram dar formas belas a acessórios e guarnições, mas sabem que produzem coisas belas cuja estética é resultante não da aplicação de um estilo passado, e sim do estudo perfeito da utilidade a que tais acessórios ou guarnições se destinam.

Daí se deduz que a máquina, por sua simples existência, cria, por eventualidade, um tipo de beleza, mas que não é uma forma predeterminada que orienta o fabricante na construção da máquina.

A figura de um aeroplano é tão bela que empolga. É natural que, no futuro, com o aperfeiçoamento da mecânica, formas mais belas ainda lhe serão dadas, mas o que é certo é que nunca se desenharão nem se esculpirão ornamentos inúteis, em estilos obsoletos, nos aparelhos de voar.

***

Falando sobre o cimento armado, o nosso suposto antagonista disse: "massa inerte, com vida artificial, é cem vezes mentirosa na sua forma construtiva, ainda tão decantada". E não percebe que isso ficaria magnificamente bem aplicado não ao cimento armado em si, mas às ornamentações sem graça, com as quais certos arquitetos costumam profanar as linhas claras e exatas da estrutura do cimento armado.

Aos olhos de um espectador moderno, um grande vão, sem suportes de espécie alguma e sem consolas, é mais belo e harmonioso do que se tivesse pilares. A viga que sustenta o peso de uma parede, para fazer o vão, parece-nos bela, na sua franqueza robusta e simples. Se depois de colocada a viga, dispusermos sobre ela colunas ou pilares inúteis, unicamente no intuito de fazer com que o ambiente apresente tal ou tal característica de estilo, aí poderá dizer-se que o cimento armado é inerte e mentiroso. Mas é inerte e mentiroso não porque seja cimento armado, e sim porque, nesse caso, o arquiteto falha. Os engenheiros que trabalham em cimento armado, que fazem cálculos perfeitos para a distribuição das cargas, dos vãos, etc., produzem obra estética em sua estrutura, e essa obra tem que ficar patente mesmo depois de retiradas as formas. A distribuição das "nervuras e barras de ferro" nada perde de sua beleza quando a linha é pura, quando não se aplicam tolices estilísticas que ninguém mais sente nem compreende.

No trabalho matemático, aliado à função arquitetônica dos materiais, é que está a possibilidade estética do futuro. Tal trabalho, embora variando em particularidade de objetivo, é idêntico ao do engenheiro que cria tipos de máquinas sem se preocupar de antemão com a sua aparência estética, e sim subordinando esta aparência estética às urgências das leis mecânicas indispensáveis para destinar à máquina um determinado fim. O arquiteto tem de ser engenheiro. O arquiteto que não for engenheiro será apenas um decorador ingênuo e de mau gosto.

Por terem compreendido esta grande verdade, que não é proferida apenas por nós, todas as boas academias de arquitetura estão reformando os seus programas de ensino, a fim de produzir, na medida do possível, mentalidades adequadas ao tempo em que vivemos.

***

Para pôr um ponto final nesta ameaça de polêmica que não procuramos e que não desejamos, podemos assegurar que concordamos com aquele que se supõe nosso antagonista quando ele diz que "o artista e assim o arquiteto têm de ser de elite, verdadeiros e sempre expoentes dos grandes públicos". É isso mesmo que nos leva a crer que nenhum passadista é de elite – salvo exceções de mentalidades privilegiadíssimas, porque nenhum deles, hoje, é expoente de público algum.

É preciso notar que, nos raros pontos em que o nosso suposto antagonista afirma que estamos de acordo com ele, a verdade não está bem clara. Não é que estejamos de acordo com ele, é que na fúria de defender um modo de pensar que já não tem defesa, sem querer, ele usou, levianamente, para a sua causa, de argumentos que só podem ter função lógica em arte moderna, resultando daí a aparente concordância entre nós e ele, quando, em realidade, o que houve foi apenas confusão mental da parte dele!

***

Citaremos ainda um seu trecho: "Essa mentalidade artística falsa e mentirosa, avassaladora do século XX, terá que naufragar nesse tumultuoso mar de ideologias fragorosas".

Seria muito mais interessante encarar o problema de outra maneira. Nós, modernistas, sabemos que a arte que fazemos é da nossa época e que, portanto, tem de passar quando os tempos modificarem. Mas o suposto antagonista não percebe – parece incrível – que, se é verdade que a nossa arte tem de naufragar, isso se deve à fatalidade da evolução da história. Em todo caso, a arte moderna "tem de naufragar" ainda, num futuro que não se sabe quando virá, ao passo que a arte velha já naufragou há muito tempo, graças à inteligentíssima impiedade da história.

[*Diário da Noite*, São Paulo, 20 dez. 1928]

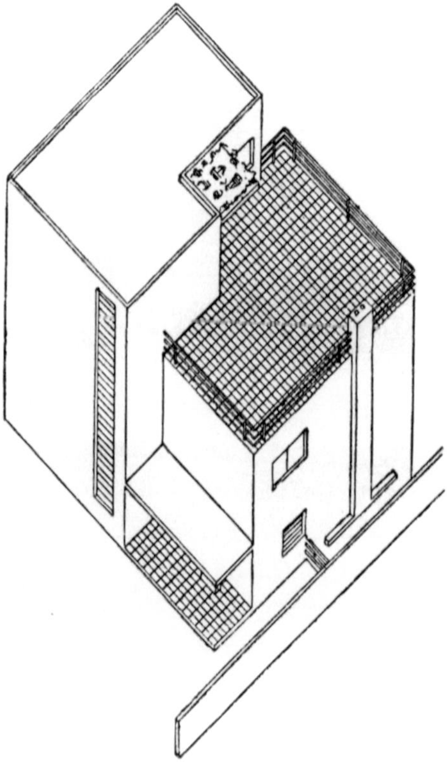

Gregori Warchavchik, residência Luiz da Silva Prado (casa da rua Bahia), São Paulo, 1930, desenho isométrico.

SÃO PAULO E A ARQUITETURA NOVA

Por que arquitetura nova e não moderna?

Justamente para bem marcar a diferença entre as duas e para indicar que não se trata aqui daquela arquitetura que todo mundo chama de moderna, embora de moderno tenha muitas vezes somente o banheiro e a instalação elétrica. Chamam-na assim porque os elementos decorativos empregados, embora copiados de obras antigas, são cópias tão malfeitas e tão ordinárias que mal se pode reconhecer o original.

Basta um motivo antigo ser transformado um pouco, quer dizer estragado – executado em material barato –, tudo feito com perfeito desprezo justamente daquelas regras arquitetônicas que são o valor das belas construções antigas, e logo o prédio é chamado moderno. Isto criou muita confusão nos espíritos e prejudica a verdadeira arquitetura moderna, e por esta razão a chamamos de arquitetura nova.

Arquitetura nova é aquela que sabe aproveitar os ensinamentos dos grandes mestres e a experiência adquirida durante os séculos e que, apesar disto e justamente por isto, segue a linha de desenvolvimento da humanidade e corresponde às necessidades técnicas e estéticas do homem do século XX, bem diferente na sua mentalidade do homem de outros tempos.

A arquitetura nova, ainda que tenha as suas raízes nas arquiteturas mais antigas que a Terra produziu, é aquela que não copia, mas cria valores novos.

Arquitetura feita para aqueles que se utilizam das conquistas da técnica e da ciência, que viajam de automóvel e que daqui a pouco viajarão de aeroplano.

Arquitetura feita para aqueles que vivem neste século e se trajam à maneira moderna; para as moças que desprezam a crinolina e protestam indignadas se se lhes propusesse usar uma dúzia de saias engomadas, umas por cima das outras, e para os rapazes que decerto se recusariam a usar a cabeleira empoada.

Na Europa, a arte nova, apesar da luta desigual e desencorajante contra os fantasmas do passado, venceu; nesta bela terra brasileira, toda em formação, onde não é preciso destruir o antigo para criar o novo, nesta terra poderá nascer uma cultura que lhe dará o caráter particular e único.

O país é novo, rico, cheio de forças e poucas tradições tem: o seu caminho está aberto para um futuro brilhante também no domínio das artes, como já o tem, indiscutivelmente, nas finanças, na indústria, na lavoura e na política.

Temos tanto respeito às coisas velhas! Michelangelo, sempre citado como exemplo pelos passadistas que, aparentemente, não o conhecem bem, nem a sua vida nem a sua obra, não tinha tanto respeito assim. Destruiu o Coliseu para construir o palácio Farnese. Nós, os arquitetos de hoje, somos mais tolerantes.

Conservamos, compreendemos, estudamos as obras dos grandes mestres. Não cometemos porém o sacrilégio de copiá-los. Procuramos com todas as nossas forças trabalhar honestamente, vendendo o que é trabalho nosso, e não o belo alheio.

No Brasil a arquitetura nova tem encontrado muitos amigos das melhores camadas sociais.

Já existem alguns trabalhos feitos neste estilo, muitos outros estão em construção.

[...] Isto vem provar que a arquitetura nova e a arte nova, no Brasil e especialmente em São Paulo – a cidade dos progressos vertiginosos – encontraram um ambiente quente de simpatia e terra fértil.

A mocidade não tem medo de sensações novas.

Não vive do passado. Deixa isto aos velhos.

São Paulo, porém, é uma cidade moça.

[*Ilustração Brasileira*, Rio de Janeiro, set. 1929]

Panfleto da Exposição da Casa Modernista, realizada na casa da rua Itápolis, São Paulo, de 26 de março a 20 de abril de 1930.

EM TORNO DA CASA MODERNISTA DO PACAEMBU

Breve resposta para o professor Christiano das Neves:

O professor Christiano das Neves em dois artigos que publicou respectivamente nos dias 14 e 16 de abril, sob os títulos "Arquitetura e futurismo" e "A máquina de habitar do Pacaembu", referiu-se a uma construção minha situada no Pacaembu, atualmente em exposição pública (à qual ele nem deu a honra de sua visita), e também à minha pessoa (embora não tenha citado o nome), em termos tais que, ultrapassando os direitos do crítico e ferindo até os preceitos da mais elementar ética profissional, destes seus artigos se depreende claramente que ele procura desvalorizar o meu trabalho, por eu ser, como ele diz, de outros nortes, de outra origem e de outra religião.

Escreve: "Estamos fartos de que venha gente estranha ao nosso meio, [sic] pretender divertir-se a nossa custa, aproveitando-se da ingenuidade de certas pessoas!!..."; e outra vez escreve: "protestamos ainda que se abuse da ingenuidade de nosso povo em matéria que desconhece, impondo-lhe essa insensatez artística e expondo-o ao ridículo perante as pessoas cultas que visitam nossa cidade". Com estas palavras insinua que todos os arquitetos modernos (inclusive eu) são uns ignorantes tão completos, que somente se arvoram em modernistas "por lhes ser difícil (como ele escreve textualmente) compor com a infinidade de linhas curvas, e por desconhecerem mesmo as regras de composição arquitetural, traçam a esmo a reta, o mais simples dos elementos geométricos".

A mais destas palavras que são verdadeiros insultos, ele escreve, e isto é mais grave ainda, que a prefeitura não deve aprovar os meus projetos e os da corrente moderna em geral; e que a Companhia City não deve permitir a construção de casas que obedeçam à nova orientação arquitetônica nos seus bairros.

Estas insinuações emitidas com o fim evidente de prejudicar moral e materialmente a um colega de profissão, só por si já vêm demonstrar que o sr. Christiano das Neves não tem sequer noção dos seus deveres de profissional, o que vem completar o quadro da já proverbial ignorância deste ilustre senhor, ignorância fácil de ser provada pela leitura de seus numerosos e divertidos artigos onde ele se vê obrigado a citar tenentes-coronéis como autoridades em assuntos arquitetônicos, quando não encontra material para citação no seu inseparável conselheiro – o livro de Charles Blanc.

Com este seu método de fazer críticas o ilustre senhor se eliminou por si mesmo das fileiras dos críticos imparciais e independentes, e como o referido senhor (isto é de domínio público) não estudou arquitetura em nenhuma das grandes academias de Belas-Artes que tenha prestigio nos meios profissionais, não lhe reconheço, em absoluto, autoridade para fazer crítica, mesmo do ponto de vista puramente acadêmico.

Gregori Warchavchik

Arquiteto e professor pelo Real Instituto Superior de Belas-Artes de Roma, conforme diploma registrado na Secretaria de Agricultura desta cidade, "fls. 103 a 107 e 107 a 109 v. do livro 4".

Membro do Instituto de Engenharia de São Paulo. Ex-membro da Sociedade de Arquitetos da Companhia Construtora de Santos. Cidadão Brasileiro pelo artigo 69, parágrafo n. 5º da Constituição da República dos Estados Unidos do Brasil.

Com isto termino a resposta para o professor Christiano das Neves.

P. S.: Aproveito a ocasião para dizer que naturalmente reconheço toda a crítica sensata que foi feita e ainda se fará da exposição da casa do Pacaembu; desejo até esclarecer que nunca pretendi que esta casa fosse uma obra da grande arquitetura; nenhuma casa deste tamanho e tão econômica poderá ter esta pretensão. A casa da rua Itápolis é apenas a realização de um dos meus tipos de casas pouco dispendiosas e qualquer uma das moradias que edifico para os meus clientes é tão boa, e em geral, melhor do que esta, que está em exposição para mostrar ao grande público, que até agora só conheceu arquitetura e interiores modernos pelas fitas de cinema e pelas revistas européias, uma destas casas realizada em São Paulo, dentro das possibilidades técnicas do momento, que por enquanto, são limitadas.

[*Diário de São Paulo*, São Paulo, 20 abr. 1930]

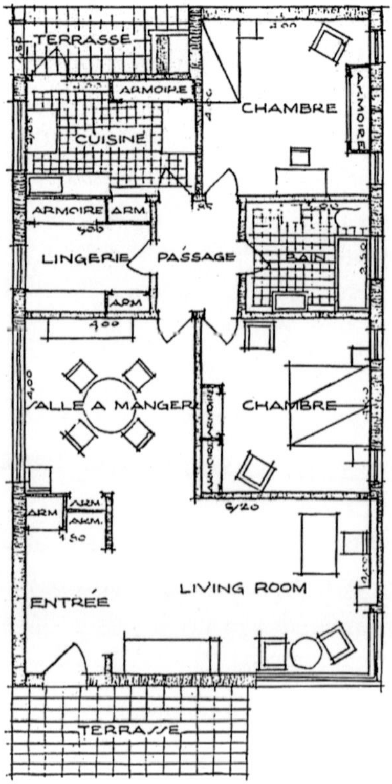

Gregori Warchavchik, residência Cândido da Silva, São Paulo, 1929, planta reproduzida no artigo publicado em francês.

A ARQUITETURA ATUAL NA AMÉRICA DO SUL

(RELATÓRIO PARA O III CIAM – CONGRESSO INTERNACIONAL DE ARQUITETURA MODERNA)

No III Congresso Internacional de Arquitetura Moderna de Bruxelas, em novembro de 1930, recebemos relatórios sobre os obstáculos que se opõem ao surgimento de uma arquitetura nova e consideramos – apesar das diferenças de povos, raças e climas – que as objeções à arquitetura moderna são mais ou menos as mesmas na Finlândia e na América do Sul.

Publicamos aqui uma parte do relatório enviado pelo delegado brasileiro G. Warchavchik (São Paulo).

SIEGFRIED GIEDION

As tendências arquitetônicas da América do Sul podem ser divididas em duas correntes distintas: a da arquitetura chamada colonial e a da arquitetura chamada clássica. Os professores e arquitetos pertencentes a essas correntes não vêem com bons olhos a arquitetura moderna ganhar espaço e fazem todo o possível para desconsiderá-la junto ao público. A hostilidade dos primeiros encontra no nacionalismo limitado, que protege a arquitetura chamada colonial, um bom pretexto para combater a arquitetura moderna, que é internacional. Quanto aos segundos, em geral estudaram arquitetura na Escola de Belas-Artes de Paris, descaracterizada pelas diferentes escolas de menor importância às quais devem seus conhecimentos, e são mais realistas que o rei.

Recentemente, realizou-se no Rio de Janeiro um congresso pan-americano, e pude estudar então a situação da arquitetura sul-americana. As duas correntes mencionadas dominaram o evento; e, com exceção do Uruguai, que mostrou ter um espírito mais moderno, as manifestações modernas foram isoladas e individuais.

Esse congresso foi a demonstração de uma falta absoluta de compreensão do século em que vivemos. De determinado ponto de vista, esse congresso foi uma farsa, com uma encenação primorosa.

Apresentando-se depois do Uruguai, que trouxe uma contribuição bem interessante, o Brasil moderno foi representado por três arquitetos.

O trabalho do arquiteto moderno na América do Sul (portanto, também no Brasil) tornou-se bastante difícil pelo fato de o cimento, o ferro e o vidro, por serem importados, aumentarem significativamente o preço das construções. A indústria do país, ainda pouco desenvolvida, não pode nos fornecer nem a alvenaria, nem as ferragens, nem o reboco, nem as tintas, nem as placas e outros materiais empregados para o revestimento das paredes, nem os materiais isolantes indispensáveis.

Por outro lado, temos por toda parte, pelo menos no Brasil, belos e bons tijolos e madeiras excelentes em grande quantidade. Conseqüentemente, a arquitetura moderna no Brasil não tem a necessidade imperiosa de apenas empregar o material industrial, já que uma matéria-prima de tão boa qualidade será fácil de obter, e sobretudo com melhores preços. Seria um contra-senso querer impor materiais industriais muito caros num país em que a arquitetura moderna deve conquistar o público mais por suas vantagens econômicas do que por suas qualidades estéticas. Nos países americanos as construções são erguidas rapidamente e não são calculadas para durarem mais de vinte ou trinta anos. O desenvolvimento rápido das cidades exige por vezes a demolição de bairros inteiros para que outros sejam construídos. Precisamos vencer pela boa organização do trabalho e suprimir tudo o que seja supérfluo, por vezes até o luxo dos materiais de boa qualidade.

Há uma outra dificuldade: não podendo contar com a indústria, precisamos aproveitar a mão-de-obra. O operário no Brasil, onde se constrói muito e rapidamente, adquire uma grande habilidade. No entanto, não é fácil formá-lo para o trabalho moderno, e confrontei-me com sérias dificuldades, quando quis organizar os diversos grupos capazes de executar meus projetos. Eu mesmo tive que montar ateliês para que fossem executadas janelas, portas de madeira lisa, móveis, etc., porque a indústria, que aliás trabalha bastante bem para a arquitetura comum, não pôde realizar o que eu lhe pedia com a precisão e o cuidado necessários.

Uma das maiores dificuldades para a arquitetura contemporânea, nos países tropicais, consiste na intensidade excessiva dos raios do sol, o que nem sempre torna muito agradáveis os grandes painéis de vidro, e nos obriga a encontrar um meio de isolá-los perfeitamente durante as horas de grande calor. Por outro lado, sendo o país úmido, as grandes aberturas são muito agradáveis para a ventilação da casa. Somos ainda muito primitivos.

Evidentemente, a maioria dos problemas poderia ser resolvida por meio do aquecimento central e de um sistema de aeração artificial, mas isso ainda é coisa para o futuro. Por enquanto, praticamente ninguém quer ouvir falar dessas instalações, e o preço excessivo delas impede sua difusão.

Para a arquitetura que podemos executar aqui, não temos dificuldades técnicas particulares, ou seja, diferentes daquelas que encontraria em qualquer outro país. Posso somente observar, a título de curiosidade, que em São Paulo, por exemplo, as diferenças de temperatura entre noites frias e dias quentes são tais que o ferro, ao se dilatar, causa fissuras no concreto, se não forem tomadas as precauções suficientes. Bastaram me algumas experiências para encontrar a melhor maneira de evitar esses pequenos problemas.

Depois de descrever o que nos cria dificuldades, convém citar o que, apesar de tudo, garante o sucesso da arquitetura racional e moderna.

Em primeiro lugar, esses países são novos, americanos em suma, e o verniz clássico ainda não é muito espesso. A curiosidade e a maleabilidade do temperamento dos sul-americanos fazem com que as novidades sejam adotadas rapidamente, sobretudo quando se trata de questões científicas e de melhorias técnicas. Opõem uma resistência bastante forte às coisas relativas à arte e à estética modernas. No entanto, é apenas uma questão de educação, pois, nos meios cultos, interessam-se muito pelas novidades, e já contamos com um grande número de individualidades que reconheceram a importância da evolução arquitetural. E depois, em geral, interessam-se muito pelos problemas da habitação e da construção, o que é natural num país em que predomina a casa destinada somente a uma família. Todos tiveram, durante a vida, a ocasião de se ocupar desse problema. Só no decorrer dos últimos cinco ou seis anos que o edifício de apartamentos começou a se difundir; anteriormente, essa maneira de morar era desconhecida. E durante esses poucos anos, já se encontraram meios de construir em São Paulo um arranha-céu de vinte e cinco andares e um outro, de altura mais ou menos semelhante, no Rio de Janeiro, o que demonstra o espírito de iniciativa.

Mas nossos aliados mais eficazes, pelo menos no Brasil, são a natureza tropical, que emoldura tão favoravelmente a casa moderna com cactos e outros vegetais magníficos, e a bela luz, que põe em destaque os perfis claros e nítidos das construções contra o fundo de vegetação escura.

Além disso, utilizando bons sistemas de isolamento e sobretudo coberturas em terraço, e estudando um sistema conveniente de ventilação para o verão, pode-se conseguir criar tipos de casas que se adaptem tão bem ao ambiente do país que o arquiteto, encarregado de construir a casa no meio do jardim, vai desempenhar essa tarefa com um verdadeiro prazer.

[*Cahiers d'Art*, Paris, n. 2, 1931]

Gregori Warchavchik, edifício da alameda Barão de Limeira, São Paulo, 1939, desenho reproduzido na capa da revista *L'Homme et l'architecture*, 1 fev. 1946.

IMPORTÂNCIA E DIRETIVAS DA ARQUITETURA BRASILEIRA

Somente uma consciência da história da arquitetura nova no Brasil pode fazer uma soma de suas conquistas, correndo paralelas com o trabalho internacional na pesquisa das novas formas, as quais, desde o princípio deste século, seduziram a inteligência dos arquitetos, perante as novas condicionantes da vida e os materiais emergentes, ferro, cimento, vidro e matérias plásticas.

É preciso essa consciência do trabalho mundialmente empreendido, aqui se refletindo nas necessidades locais, ferindo a atenção dos que queriam efetivamente fazer arquitetura, para nos ligar ao sentido internacional da nova arquitetura. Arquitetura internacional, dizia Gropius, no seu manifesto de 1925, mas adaptada ao regional a que atenderia. Assim, a planta livre é uma idéia internacional – não pode, entretanto, ser aplicada sem nos atermos às condições específicas do ambiente, além do programa com todas as suas peculiaridades.

Portanto, estamos, antes de tudo, acima de quaisquer interesses individuais, nós, os arquitetos, uma coletividade profissional. Entretanto, como coletividade profissional, a nossa participação no quadro das atividades técnicas e artísticas do país é um fato incontestável. O relevo obtido pela arquitetura brasileira, e que não pode e não deve ser considerado um êxito "pessoal" de ninguém, mas de toda uma equipe de trabalho, tornou-se um resultado positivo que nos permitiu participar, decisivamente, de uma das fases da civilização do século XX, impondo-nos à consideração mundial. Os arquitetos do Brasil, eis uma presença incontestável no mundo de nossos dias, presença que nenhuma outra técnica ou arte conseguiu, na extensão e na profundidade verificada. A partir do documentário *Brazil Builds*, o interesse internacional se manifestou crescente e constantemente pelo que fazemos.

No sentido profundo de nossa arquitetura, na intimidade de seu papel criador, pode-se dizer que há duas grandes tendências dominantes: uma, em que se verificam saudáveis manifestações que se inscrevem, com toda a propriedade, na arquitetura orgânica; e outra, que é aquela em que preocupações demasiado plásticas interferem. Não há dúvida que são inúmeros os perigos que se apresentam neste último rumo, quando arquitetos de talento e imaginação se lançam aos malabarismos plásticos, levados por soluções atraentes, em que se exteriorizam as suas concepções, sempre submetidas, entretanto, à correção da engenharia e do cálculo. Verificamos, porém, que em muitos casos a se classificarem neste quadro a fórmula plástica subverte o construtivo, e cai tudo em formalismos de fachada, perdendo-se toda a organicidade que a arquitetura viva implica. É a influência, que chamei uma vez de inflacionária, no terreno da arquitetura e da construção, em que se cristalizou o pseudo-moderno. Só uma educação mais generalizada, melhor informada em alto nível, poderia guiar o "consumidor de arquitetura", proporcionando-lhe elementos para distinguir entre a arquitetura e os efeitos visuais do academismo "modernizado".

Noutro aspecto, também importante, verificamos todos que há o abandono da escala humana, princípio este que deveria ser sempre respeitado, como o continuam preconizando Gropius e Le Corbusier. Indo mais longe, podemos considerar que há uma tendência muito generalizada para se esquecer mesmo o ponto visual humano. Seria isto uma influência da visão aérea ou da tentação que as maquetes estabelecem, de se apresentarem projetos à maneira de "tapetes abstratos"? A quem passa na rua, ainda mais quando sob uma marquise, escapa completamente o "tapete abstrato" a que procurou dar sua obediência o projeto... Torna-se invisível o artístico desenho, sem função nem composição. O desenho poderia servir de controle mas a arquitetura não deve subordinar-se àquele como base construtiva.

Bastante importante a contribuição para as conquistas da arquitetura moderna de nosso tempo, a obra dos arquitetos brasileiros em pouco tempo surgiu como árvore frondosa. Entretanto, uma verificação superficial nos revelará que não há tantas raízes, nem profundidade bastante nelas, nem ainda chão em que se desdobrem. Quero frisar aqui que é em atender apenas a um restrito grupo de pessoas, a uma certa camada de classes sociais, que esta arquitetura tem recolhido a sua seiva. Seria imprescindível, assim, cuidar-se de enraizá-la no consenso geral, a fim de que, pelas instabilidades tão facilmente ocorrentes em nosso tempo, não nos vejamos a braços com perdas substanciais, no caminho de uma conquista técnica e artística. É também uma das nossas falhas não termos resolvido ainda o problema da habitação do homem comum, da massa proletária, do *aménagement* rural, enfim rumo à *ferme radieuse* das indicações de Le Corbusier.

É claro que tudo isto deve partir da escola. É a escola que pode garantir o bom emprego da herança da "revolução modernista" em São Paulo e no Rio, e que tamanha ampliação teve. É à escola de arquitetura que cabe conservar as conquistas realizadas e desdobrar-se noutras. Escolas de arquitetura requerem arquitetos nas cátedras. Do alto da direção das nossas escolas de arquitetura, até as cadeiras mais especializadas, arquitetos, ou engenheiros, imbuídos praticamente do espírito da arquitetura, com plena liberdade de cátedra, poderão levar por diante aquilo que Lucio Costa sonhava em 1931, quando nos convocou para ajudá-lo, na reforma "revolucionária", da Escola Nacional de Belas-Artes.

Ainda agora não vejo outro meio além da presença pessoal dos nossos arquitetos mais informados junto das novas gerações para levar por diante a tarefa começada, e que apenas abrange trinta anos, a idade de uma geração.

É claro que não basta que sejam arquitetos, os melhores informados e melhores intencionados, que trabalhem nas cátedras das escolas de arquitetura: devem os arquitetos e estudantes de arquitetura preconizar o plano de trabalho em ateliê,

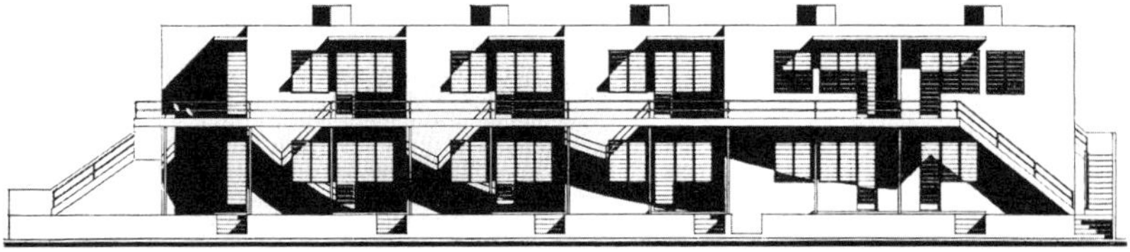

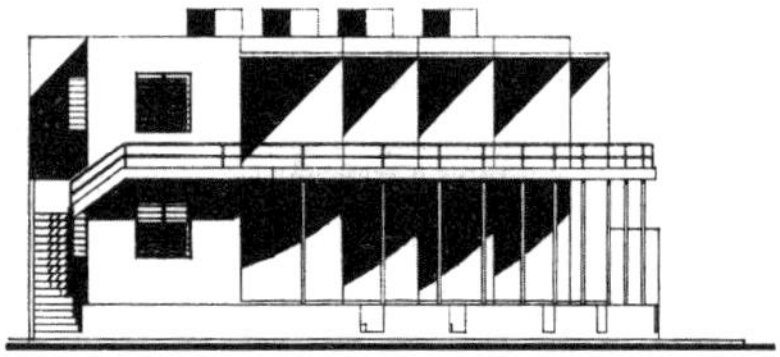

Gregori Warchavchik e Lucio Costa, casas econômicas da Gamboa, Rio de Janeiro, 1932-3, estudo de insolação.

seguindo a lição tão nítida da Bauhaus. Que se obedeça a menos regulamentos e que se insufle mais vida, menos matérias e mais problemas e soluções, a procura "*in vivo*". A arquitetura deve também ser aprendida no apuramento das vocações, em contato com a natureza do homem, sua psicologia, seus problemas biológicos e mentais, sentimentais e humanos. Como chegar-se a essa prática? Pela emulação, pelo entusiasmo, fatores contagiantes no trabalho coletivo da criação das formas, perante os problemas propostos.

Deve-se ter em conta, permanentemente, que a arquitetura significa a organização do espaço para as atividades humanas – atividades da vida diária: moradia, alimentação e repouso –, atividade criadora, atividade cultural ou produtiva e, finalmente, as atividades de recreio ativo e passivo de adultos e crianças, condicionando-se nela, portanto, todas as formas de atividade das coletividades urbanas e rurais. Não serão os tratados e as fórmulas que vão inspirar mediante demonstrações verbalísticas os nossos arquitetos, será necessário sempre recorrer, franca e decididamente, às tarefas da vida!

Carecemos, no entanto, de uma orientação mais alta e mais generalizada, a estabelecer as nossas diretivas de arquitetos – quero lembrar aqui a falta de planejamentos urbanísticos. Toda a arquitetura que se presa o exige; entre nós longamente dispensamos a planificação urbanística. Ficamos no particular da arquitetura, dos projetos de edifícios, raras vezes num conjunto, em que já as condicionantes urbanísticas comparecem. Atingimos a sessenta milhões de habitantes, no país; no estado possuímos mais de onze milhões. A descentralização que o parque de energia elétrica paulista vai determinar está aí como uma imposição de urbanismo, para um desenvolvimento harmonioso. Erros de centralização e acumulação de habitantes como o da capital paulista não podem mais acontecer. Então é ao urbanismo como orientação que precisamos recorrer. Esta a palavra de ordem: Urbanismo como orientação para os arquitetos.

[*Acrópole*, São Paulo, fev. 1958]

NOTAS

1 Cf. Lucio Costa, *Sobre Arquitetura*. Porto Alegre: Centro de Estudantes Universitários de Arquitetura, 1962, p. 119.

2 Geraldo Ferraz, "Falta o depoimento de Lucio Costa". *Diário de São Paulo*, 1 fev. 1948. Reproduzido em Lucio Costa, op.cit, pp. 119-22.

3 Lucio Costa, "Carta Depoimento". *O Jornal*, 14 mar. 1948. Republicada em Lucio Costa, op. cit., pp. 123-28.

4 Ver a respeito Agnaldo Farias, *A Arquitetura Eclipsada. Notas sobre história e arquitetura a propósito da obra de Gregori Warchavchik*. Dissertação de Mestrado. IFCH, UNICAMP, 1990.

5 Philip L. Goodwin. *Brazil Builds. Architecture Old and New, 1653-1942*. Nova York: MOMA, 1943. O livro acompanha exposição realizada pelo Museu de Arte Moderna de Nova York, com fotografias de Eugene Kidder Smith. Para uma descrição detalhada das circunstâncias da exposição e seus desdobramentos, ver Jorge Francisco Liernur. "The South American Way...". *Block. Revista de Cultura de la Arquitectura, la Ciudad y el Territorio*, n. 4. Buenos Aires: UTDT, 1999.

6 Philip L. Goodwin, op. cit., p 178. A casa da rua Bahia, embora exemplo significativo da produção de Warchavchik, foi na verdade precedida pela residência do arquiteto, conhecida como casa da rua Santa Cruz, pela casa Max Graff, na rua Mello Alves e pela própria casa da rua Itápolis, a "casa modernista", além dos projetos de casas econômicas na Vila Mariana.

7 Cf. Carta de Le Corbusier a Siegfrid Giedion em 27 nov. 1929, reproduzida em Geraldo Ferraz, *Warchavchik e a introdução da nova arquitetura no Brasil: 1925 a 1940*. Prefácio de Pietro M. Bardi. São Paulo: MASP, 1965. p. 29.

8 Henrique E. Mindlin, *Modern Architecture in Brazil*. Nova York: Reinhold, 1956. A primeira edição brasileira é *Arquitetura Moderna no Brasil*. Apresentação de Lauro Cavalcanti. Rio de Janeiro: Aeroplano, 1999.

9 Geraldo Ferraz, op. cit.,

10 Ibid., p 40.

11 Ibid., p 43.

12 Bruand, Yves. *Arquitetura Contemporânea no Brasil*. São Paulo: Perspectiva, 1981. Sobre Warchavchik, ver pp. 63-71

13 Ibid., p 71.

14 Ibid., p 67.

15 Ibid., p 69.

16 Ibid., p 71.

17 Carlos A. C. Lemos. "Arquitetura Contemporânea" in Walter Zanini (org.). *História geral da arte no Brasil*. Rio de Janeiro: Instituto Walter Moreira Salles, pp. 825-66 Este texto é uma revisão ampliada do capitulo "Arquitetura em tempos recentes", do seu livro *Arquitetura Brasileira*. São Paulo: Melhoramentos, 1979.

18 As justificativas de Warchavchik estão expostas no relatório que apresenta, como delegado brasileiro, ao terceiro Congresso Internacional de Arquitetura Moderna (CIAM), realizado em Bruxelas, em novembro de 1930. Texto reproduzido neste volume.

19 Carlos A. C. Lemos, op.cit., p 832.

20 Ibid., p 834.

21 Gregori Warchavchik. "Futurismo?", *Il Piccolo*, São Paulo, 14 jun. 1925.

22 A inclusão de uma entrevista nesta coletânea de artigos justifica-se, a nosso ver, pela importância histórica do texto, que marca a apresentação do arquiteto emigrado ao círculo modernista de São Paulo.

23 Confusão que se estende aos intelectuais modernistas que, desde 1922, não haviam conseguido definir uma posição clara a respeito da modernidade arquitetônica, oscilando entre a crítica ao ecletismo e uma leve e indecisa simpatia pelo neocolonial. Ver a respeito Annatereza Fabris, "O ecletismo à luz do modernismo" in Fabris (org), *Ecletismo na arquitetura brasileira*. São Paulo: Nobel/Edusp, 1987, pp. 281-94.

24 Cf. "A posse da casa própria não pode ser privilégio dos ricos", entrevista concedida à *Folha da Noite*, em 08 jan. 1945, a propósito da perspectiva de retomada, no pós-guerra, dos Congressos Internacionais de Arquitetura Moderna. Após constatar que a arquitetura contemporânea estava amplamente vitoriosa no Brasil, Warchavchik destacava entre os problemas fundamentais do futuro a "acessibilidade da casa própria".

25 Os textos do arquiteto Dacio de Moraes surgiram como reação à divulgação da construção da casa da rua Santa Cruz e foram divulgados no *Correio Popular*. Cf. Ferraz, op. cit., p. 28.

26 Este é o primeiro artigo sobre a arquitetura moderna no Brasil publicado num periódico internacional, cf. Maria Beatriz Camargo Cappello, *Arquitetura em revista: A arquitetura moderna brasileira nas revistas inglesas, francesas e italianas*. Tese de doutorado. FAUUSP, 2006.

27 Razão pela qual não estão reproduzidos neste volume. Em particular, "Arquitetura Moderna", *Forma*, Rio de Janeiro, n. 2/3, out/nov 1930 e "Arquitetura Viva", *O Jornal*, Rio de Janeiro, 01 nov. 1931.

ARQUITETURA DO SÉCULO XX (III)

1 O próprio Warchavchik já havia projetado e estava construindo um conjunto de casas econômicas no bairro da Mooca. [N. O.]

ARQUITETURA DO SÉCULO XX (V)

1 Esse texto aparece em francês no artigo original. A tradução foi retirada do site www.vitruvius.com.br/documento/arquitetos/gregori01.asp. [N. E.]

ARQUITETURA DO SÉCULO XX (X - ARRANHA-CÉUS)

1 Warchavchik refere-se ao arquiteto Dacio A. de Moraes, que publicou no *Correio Paulistano* e depois reuniu no folheto *Arquitetura Moderna em S. Paulo* uma série de artigos em defesa da tradição acadêmica. [N. O.]

BIBLIOGRAFIA

DO AUTOR

"Futurismo?". *Il Piccolo*, São Paulo, 14 jun. 1925 [rep. como "Acerca da arquitetura moderna" no *Correio da Manhã*, São Paulo, 1 nov. 1925; na *Acrópole*, set. 1938; na *Tribuna da Imprensa*, 27 ago. 1960]; e em Xavier, Alberto (org.), *Depoimento de uma geração*. 2a. ed. São Paulo: Cosac Naify [1987] 2003, pp. 35-38].

"Arquitetura brasileira". *Terra Roxa e Outras Terras*, São Paulo, 17 set. 1926.

"Decadência e renascimento da arquitetura". *Correio Paulistano*, São Paulo, 5 ago. 1928.

"Arquitetura do século XX (I)". *Correio Paulistano*, São Paulo, 29 ago. 1928.

"Arquitetura do século XX (II)". *Correio Paulistano*, São Paulo, 5 set. 1928.

"Arquitetura do século XX (III)". *Correio Paulistano*, São Paulo, 14 set. 1928.

"Arquitetura do século XX (IV - Passadistas e futuristas)". *Correio Paulistano*, São Paulo, 23 set. 1928 [republicado em *Vanitas*, mar. 1930].

"Arquitetura do século XX (V - Um congresso que marcou época na história da arte)". *Correio Paulistano*, São Paulo, 9 out. 1928.

"Arquitetura do século XX (VI - As relações entre a arte e a cultura)". *Correio Paulistano*, São Paulo, 21 out. 1928.

"Arquitetura do século XX (VII - O que foi a exposição de Stuttgart)". *Correio Paulistano*, São Paulo, 4 nov. 1928.

"Arquitetura do século xx" (viii - Características da construção moderna)". *Correio Paulistano*, São Paulo, 21 nov. 1928.

"Arquitetura do século xx (ix - Arranha-céus)". *Correio Paulistano*, São Paulo, 2 dez. 1928.

"Arquitetura do século xx (x - Arranha-céus)". *Correio Paulistano*, São Paulo, 16 dez. 1928.

"O arranha-céu tem de romper com o passado". *Diário da Noite*, São Paulo, 22 dez. 1928 [entrevista].

"Arquitetura nova". *Diário da Noite*, São Paulo, 29 dez. 1928.

"Arquitetura nova". *Correio Paulistano*, São Paulo, 20 jan. 1929.

"São Paulo e a arquitetura nova". *Ilustração Brasileira*, Rio de Janeiro, 29 set. 1929.

"Em torno da casa modernista do Pacaembu". *Diário de São Paulo*, São Paulo, 20 abr. 1930.

"Arquitetura moderna". *Forma*, São Paulo, out.-nov. 1930 [reed. em *Dom Casmurro*, São Paulo, 9 nov. 1940].

"*L'Architecture d'aujourd'hui dans l'Amerique du Sud*". *Cahiers D'Art*, Paris, 1931.

"Resguardando a estética arquitetônica da paulicéia". *Diário da Noite*, São Paulo, 15 jan. 1931 [entrevista].

"O próximo congresso de habitação e o problema das casas econômicas". *Folha da Manhã*, São Paulo, 6 fev. 1931 [entrevista].

"Gregori Warchavchik e a arquitetura moderna em São Paulo". *Mundo Ilustrado*, São Paulo, 19 mar. 1931.

"A arquitetura contemporânea em São Paulo". *Para Todos*, São Paulo, 4 abr. 1931.

"Arte moderna, definida por um artista moderno". *Diário de Notícias*, São Paulo, 21 out. 1931 [entrevista].

"A arquitetura viva". *O Jornal*, São Paulo, 1 nov. 1931.

"O iv Congresso Pan-Americano". *Diário da Noite*, São Paulo, nov. 1931 [entrevista].

"O prédio do Automóvel Clube". *A Platéa*, 30 abr. 1932 [entrevista].

"O que interessa aos modernos arquitetos". *Folha da Noite*, São Paulo, 6 jan. 1933 [entrevista].

"A posse da casa própria não deve ser privilégio dos ricos". *Folha da Noite*, São Paulo, 8 jan. 1945 [entrevista].

"Uma carta dos princípios de reconstrução do mundo de após guerra". s.e., 17 jan. 1945 [entrevista].
"São Paulo liderou no Brasil a arquitetura moderna". *Diário da Noite*, São Paulo, 29 jan. 1945 [entrevista].
"Abrigos que não abrigam nada..." *Diário da Noite*, São Paulo, 30 jan. 1945 [entrevista].
"Onde funcionará o futuro Congresso de São Paulo? Deveria ser edificado numa verdadeira praça cívica nas proximidades dos bairros mais caracteristicamente proletários de São Paulo". *Correio Paulistano*, São Paulo, 14 jun. 1945 [entrevista].
"Uma verdadeira cidade dentro da cidade – Quinhentos milhões de Cruzeiros para a construção de um bairro proletário modelo na Mooca". *Diário da Noite*, São Paulo, 9 jul. 1945 [entrevista].
"Impõe-se a planificação das construções em São Paulo". *Diário da Noite*, São Paulo, 9 ago. 1945 [entrevista].
"'Nada de arranha-céus' de acordo com a sugestão de Warchavchik". *Diário da Noite*, São Paulo, 13 jun. 1947 [entrevista].
"Para sair-se do impasse atual impõe-se um concurso internacional de arquitetos". *Diário de S. Paulo*, São Paulo, 18 set. 1952 [entrevista].
"Gregori Warchavchik fala de arquitetura e urbanismo". *Correio da Manhã*, São Paulo, 1 mar. 1957 [entrevista].
"Gregori Warchavchik fala de arquitetura e urbanismo (conclusão)". *Correio da Manhã*, São Paulo, 2 mar. 1957 [entrevista].
"Importância e diretivas da arquitetura brasileira". *Acrópole*, São Paulo, fev. 1958.
"Inquérito nacional de arquitetura – 4". *Arquitetura*, São Paulo, jan.–fev. 1962 [entrevista].

BIBLIOGRAFIA SOBRE O AUTOR

Livros e artigos

BRUAND, Yves. Arquitetura contemporânea no Brasil. São Paulo: Perspectiva, 1981.

FERRAZ, Geraldo. "Individualidades na história da atual arquitetura no Brasil I: Gregori Warchavchik". *Habitat*, n. 28, São Paulo, maio 1956, pp. 40-8.

_______. *Warchavchik e a introdução da nova arquitetura no Brasil: 1925 a 1940*. São Paulo: Habitat/MASP, 1965.

FIORI, Renato H. "Warchavchik e o manifesto de 1925". *Arqtexto 2*. Porto Alegre: Propar, 2002.

GOODWIN, Phillip L. *Brazil Builds*. Nova York: MOMA, 1943, pp. 99 e 118.

SANTOS, Paulo. "Gregori Warchavchik". In: XAVIER, Alberto (org.). *Depoimento de uma geração*. São Paulo: Cosac Naify, [1987] 2003, 351-352.

SOUSA, Abelardo de. *Arquitetura no Brasil: depoimentos*. São Paulo: Diadorim, 1978, pp. 49- 55.

SOUZA, Ricardo Forjaz Christiano de. *Trajetórias da arquitetura modernista*. São Paulo: Idart, 1982, pp. 16-41.

ZANINI, Walter (org.). *Historia geral da arte no Brasil*. 2 v. São Paulo: Instituto Walter Moreira Salles/ Fundação Djalma Guimarães, 1983, 2 volumes, pp. 545-47, 562, 569, 571, 579, 605, 614, 826, 831-33, 837, 845, 854, 857.

Catálogos e exposições

"Warchavchik e as origens da arquitetura moderna no Brasil". São Paulo: MASP, 1971.

"Warchavchik, Pilon, Rino Levi: três momentos da arquitetura paulista". São Paulo: FUNARTE/Museu Lasar Segall, 1983.

"Desenhos de arquitetura da biblioteca da FAUUSP". São Paulo: Editora da FAU, 1988, pp. 142-159.

Gregori Warchavchik. Paulo Mauro Mayer de Aquino (org.). São Paulo, 2005 [acervo fotográfico].

Dissertações e teses

COUTINHO, Sylvia. *Memória e esquecimento: casa Nordschild e a formação da arquitetura moderna no Brasil*. Dissertação de Mestrado. Rio de Janeiro: PUC-Rio, Departamento de História, 2003.

FARIAS, Agnaldo A. C. *A arquitetura eclipsada – notas sobre história e arquitetura a propósito da obra de Gregori Warchavchik. Introdutor da arquitetura moderna no Brasil*. 2 v. Dissertação de Mestrado. São Paulo: Universidade Estadual de Campinas, 1990.

SOUZA, Ricardo Forjaz. *O debate arquitetônico no Brasil: 1925-1936*. Tese de doutorado. São Paulo: FFLCH-USP, 2005.

SOBRE O AUTOR

GREGORI WARCHAVCHIK nasceu em 02 de abril de 1896, em Odessa (Ucrânia), onde iniciou os estudos de arquitetura. Em 1918 inscreveu-se no Real Instituto Superior de Belas Artes de Roma, obtendo o diploma de arquiteto em 1920. Nos primeiros anos de formado foi assistente do arquiteto e professor Marcelo Piaccentini.

Em 1923 veio para o Brasil, empregado pela Companhia Construtora de Santos, dirigida por Roberto Simonsen.

Publicou "Acerca da arquitetura moderna", o primeiro manifesto da arquitetura moderna no Brasil, em 1925. Casado com Mina Klabin, logo entrou em contato com o grupo modernista de S. Paulo.

Construiu a sua residência, na rua Santa Cruz, em 1928 e logo depois a pequena casa da rua Itápolis, cuja inauguração propiciou a Exposição da Casa Modernista em 1930.

Também realizou as primeiras casas modernas do Rio de Janeiro, onde foi sócio de Lucio Costa e lecionou, a seu convite, na Escola Nacional de Belas Artes.

Manteve uma atividade projetual regular até os anos 60. Faleceu em São Paulo, em 27 de julho de 1972.

SÉRIE FONTES DA ARQUITETURA MODERNA

Esta série foi elaborada por Carlos A. Ferreira Martins, professor de história da arquitetura da EESC-USP/São Carlos, com o objetivo de preencher uma lacuna na bibliografia disponível em língua portuguesa sobre o período de constituição e afirmação da arte e da arquitetura modernas.

Estudantes, profissionais e interessados vêm contando, nos últimos anos, com um maior número de textos publicados, inclusive alguns clássicos, de história e de crítica da arte e da arquitetura da primeira metade do século XX. Entretanto, a consulta direta às fontes, aos manifestos, aos textos de reflexão e combate, de artistas, arquitetos e intelectuais permanece restrita a poucos pesquisadores que têm acesso às publicações originais ou a antologias em língua estrangeira, muitas vezes organizadas como coletâneas de excertos.

Os textos que serão apresentados – no âmbito internacional, hispano-americano e brasileiro, em versão integral e traduzidos do original – têm as marcas de seu tempo. Às vezes exprimem a angustia pela constatação de uma sociedade que se desmontava, e quase sempre refletem esperança e empenho face às virtualidades de um novo mundo que se descortinava. Heterogêneos mas tendo como substrato comum a reflexão sobre *o lugar da arte na sociedade e na cidade modernas*, esses textos – como todos os bons textos – nos interessam menos pela permanência de suas respostas que pela pertinência e atualidade das questões que apresentam.

Outros títulos da série

DEPOIS DO CUBISMO

Ozenfant e Jeanneret [Le Corbusier]

Próximo lançamento

NEOPLASTICISMO NA PINTURA E NA ARQUITETURA

Piet Mondrian

IMAGEM DA CAPA Gregori Warchavchik, residência William Nordschild (casa da rua Toneleros), Rio de Janeiro, 1931. Foto: Sacha (Acervo da Biblioteca da FAUUSP).

Coordenação editorial CRISTINA FINO
Revisão EUGÊNIO VINCI DE MORAES
Tradução [pp. 169-73] REGINA CAMPOS
Bibliografia e pesquisa em acervo PAULO MAURO MAYER DE AQUINO
Capa FLÁVIA CASTANHEIRA

Dados Internacionais de Catalogação na Publicacão (CIP)
(Câmara Brasileira do Livro, SP, Brasil)

Warchavchik, Gregori, [1896-1972]
Arquitetura do século XX e outros escritos: Gregori Warchavchik
Organização: Carlos A. Ferreira Martins
São Paulo: Cosac Naify, 2006
200 pp., 16 ils.

[Série fontes da arquitetura moderna]
ISBN 85-7503-520-7

1. Arquitetura - História 2. Arquitetura - Teoria 3. Arquitetura moderna - Século 20 4. Arquitetura moderna - Século 20 - Brasil 5. Modernismo (Arte) - Brasil 6. Vanguarda (Estética) 7. Warchavchik, Gregori, 1896-1972 - Crítica e interpretação I. Martins, Carlos A. Ferreira. II. Título. III. Série.

06-4646 CDD-724.6

Índices para catálogo sistemático: 1. Arquitetura moderna: Século 20, 1900-1999: História 724.6

COSAC NAIFY
Rua General Jardim, 770, 2º andar
01223-010 São Paulo SP
Tel [55 11] 3218 1444
Fax [55 11] 3257 8164
www.cosacnaify.com.br

Atendimento ao professor [55 11] 3823 6595

TIPOLOGIA Perpetua 12/15
PAPEL Paperfect 104 g/m²
IMPRESSÃO Bartira
TIRAGEM 3.000